商业银行会计问题研究
——基于双重监管差异视角

梁　浩　于永生／著

西南财经大学出版社
中国·成都

图书在版编目(CIP)数据

商业银行会计问题研究:基于双重监管差异视角/梁浩,于永生著.—成都:西南
财经大学出版社,2022.10
ISBN 978-7-5504-5256-5

Ⅰ.①商… Ⅱ.①梁…②于… Ⅲ.①商业银行—银行会计—研究
Ⅳ.①F830.42

中国版本图书馆 CIP 数据核字(2022)第 016009 号

商业银行会计问题研究——基于双重监管差异视角

SHANGYE YINHANG KUAIJI WENTI YANJIU——JIYU SHUANGCHONG JIANGUAN CHAYI SHIJIAO

梁浩 于永生 著

策划编辑:李琼
责任编辑:李琼
责任校对:李思嘉
封面设计:墨创文化
责任印制:朱曼丽

出版发行	西南财经大学出版社(四川省成都市光华村街55号)
网　　址	http://cbs.swufe.edu.cn
电子邮件	bookcj@swufe.edu.cn
邮政编码	610074
电　　话	028-87353785
照　　排	四川胜翔数码印务设计有限公司
印　　刷	四川煤田地质制图印刷厂
成品尺寸	170mm×240mm
印　　张	14
字　　数	301 千字
版　　次	2022 年 10 月第 1 版
印　　次	2022 年 10 月第 1 次印刷
书　　号	ISBN 978-7-5504-5256-5
定　　价	68.00 元

序

在《商业银行会计问题研究——基于双重监管差异视角》付梓之际，梁浩博士邀约我为其作序。我认为商业银行会计问题是特殊而有趣的，围绕这类问题开展专门研究很有必要。

商业银行及其会计问题具有明显的特点。商业银行是经营货币信用业务的金融企业，对每一项业务的发生、处理和结束都会进行会计核算，即业务过程和会计核算同步，这是商业银行会计显而易见的特殊之处。近年来国际会计准则和我国会计准则日趋复杂化，传统会计惯例被多种多样的金融分析方法取而代之，尤其以公允价值计量、金融资产减值会计等会计准则为甚。商业银行的特殊和有趣之处在于，它既是造成金融工具会计准则复杂化的主要诱因之一，也是准则复杂化产生负面后果的主要承担者。具体而言，商业银行拥有大量金融资产，导致一方面金融行业监管出于自身需要，有强大的动力干预金融工具会计准则的制订；另一方面准则调整对商业银行金融资产计量结果也会产生较大影响。同时，金融行业监管和会计监管共同作用于商业银行，也就是双重监管作用于商业银行，进一步导致商业银行在公司治理、会计选择等方面的会计问题具有特殊性。另外，商业银行的财务杠杆率高，且具有期限转换、信用创造等功能，决定了商业银行的经营风险更高、更具传染性，也使得商业银行会计问题与风险防范等宏观问题存在紧密关联。

正是基于上述原因，商业银行会计问题研究需要涵盖经济学、金融学和会计学等多学科的专业知识，也产生了很多超出纯会计范围的有趣话题。

具体到本书而言，梁浩博士和于永生教授选择双重监管视角对商业银行会计问题进行研究，是一次有意义的尝试。全书具有较为丰富的分析维度和令人印象深刻的内容：对双重监管在理论基础、监管立场、监管权力等差异的系统梳理，并围绕拨备计提、公允价值运用等方面的制度差异重点分析，这属于基础性问题的研究，有利于更加深入地理解商业银行会计的制度背景和相关会计问题背后的逻辑；对国内外相关文献的收集整理系统、全面、即时，综合反映了该领域的发展和最新成果，为后续研究做出铺垫并提供导览；对商业银行会计行为的动机、方式、经济后果进行分析，厘清其传导机制，并围绕我国商业银行具体情形开展了实证分析，属于商业银行会计关键问题的研究；对双重监管行为问题进行分析，通过案例等形式深入剖析双重监管主体在规则制订、规则执行中的博弈，以及商业银行在这种博弈下实施的会计行为，立体地呈现出商业银行会计问题的复杂多样；对双重监管关系问题的探索具有现实意义，监管关系是每次金融危机之后都需要争论并且寻求出路的问题，也是影响会计准则的问题。

利特尔顿曾说，"会计理论远非抽象的、无益的和琐细的分析，而是侧重于会计行动的思想……理论本身并不能完成工作，也许由于这个原因，忙碌的实务工作者往往对理论感到麻烦"。梁浩博士作为银行会计实务工作者，能结合所见所思，对相关理论问题投入热情，是值得鼓励的。基于实务的经验，本书更多地体现了"顺势而为"的研究态度，比如对于金融资产减值会计的"预期损失模型"，本书放弃了站在维护会计独立性立场的"据理力争"，而是更多地分析形成该项准则的背后逻辑，并倡导通过双重监管的协调来减少金融行业监管的干预，这与目前会计学界通过双重监管"分离"来提升会计独立性的主流看法存在区别。但全书的基本立场仍然是促进会计更好发展，对会计问题的思考和分析是富有现实意义的。

2008 年全球金融危机以来，实务界和理论界都围绕金融工具会计问题展开激烈讨论，商业银行会计问题受到了前所未有的关注，也产生了不少有益的研究成果。近几年来，金融风险防范上升至我国国家战略高度，围绕商业银行会计问题和监管效果的研究会更加活跃，成果会更加丰硕。我相信，对从事商业银行会计问题研究的朋友而言，研读本书定将有所裨益。

戴德明

2022 年 8 月 25 日于北京

目　录

概述篇

商业银行会计行为篇

会计监管与金融行业监管行为篇

会计监管与金融行业监管关系篇

结　语

概述篇

第一章 绪论

第一节 相关的问题

问题一：如何看待商业银行会计问题的重要性和特殊性？

商业银行会计问题有多重要？从商业银行会计对经济的影响中可以窥见一斑。以资产为例，商业银行总资产体量大，在整个经济体中占比高。结合中国银保监会的数据，2021 年年末我国金融机构总资产超过 380 万亿元，占社会总资产比重超过 30%。而银行业资产占金融机构总资产比重达到 90%（345 万亿元），且银行业资产的 90% 以上为金融资产。对金融资产采用不同的计量属性，诸如历史成本计量、公允价值计量，抑或混合计量，得到的数据相差较大，必然造成经济指标的较大波动。同时，金融行业监管代表机构巴塞尔银行监管委员会对金融工具会计准则的制定给予极大关注，也是源于商业银行金融资产计量对资本数量存在较大影响。除了这些直观的影响外，商业银行会计还会造成其他重要的影响。

历史经验告诉我们，商业银行会计问题会造成个体风险（财务风险）和外溢风险（金融风险）。造成外溢风险（金融风险）的原因，至少与商业银行具有"期限转换功能"和"信贷提供功能"有关。"期限转换功能"即"短借长贷功能"，该功能的社会价值在于创造了对长期投资有利的利率期限结构，使银行面临极大的期限错配压力；"信贷提供功能"影响实体经济发展，信贷供应数量与价格的波动会引发微观经济波动（最主要原因），即商业银行信贷具有传感器效应，通过对资产负债的配置传染风险（Turner，2008）。

商业银行会计究竟造成多大的外溢风险，在2008年全球金融危机后引起金融界和会计界的激烈争论。金融界认为，金融工具会计准则问题包括公允价值顺周期、已发生损失模型计提拨备"太少太迟"等，是引致商业银行倒闭乃至整个危机的一大原因。会计界则认为，此次危机与贷款条件宽松、货币政策调整以及结构性产品泛滥等原因直接相关，金融界对金融工具会计的批评有些言过其实。G20对此高度重视[①]，在G20华盛顿、伦敦和匹兹堡3次峰会上，国家领导人公报均提出要改善金融工具会计准则。在2009年的伦敦峰会上，G20要求国际会计准则制定机构与国际金融行业监管部门紧急合作，改善估值和贷款损失准备的标准，修订出台了一套高质量的全球会计准则。

无论是金融界和会计界的激烈争论，还是G20针对金融工具会计准则的快速响应，均体现商业银行会计问题不但是一个"真问题"，更是一个重要问题。然而，针对商业银行会计的研究出现一个有趣现象：几乎所有的实证会计研究都将商业银行业样本剔除在外。究其原因，可能是当前实证会计研究的理论框架仍以非金融企业会计理论为主，而商业银行会计与非金融企业会计存在区别。显而易见的区别在于，商业银行以经营货币为主要业务。这导致（反映其主要业务的）商业银行会计存在一些特殊性：商业银行会计科目与非金融行业会计科目设置存在区别；商业银行现金流量表的信息含量与非金融企业存在区别[②]；商业银行实施会计机会主义行

[①]　可以预见，这种争论在短期内难以消除，并将伴随着周期性的经济/金融危机而旷日持久地存在。G20是寄希望于通过会计准则真正解决问题，还是政治上的权宜之计，抑或兼而有之，暂不作为本书具体讨论的内容。

[②]　区别具体体现为，如果非金融企业的净现金流量为负，意味着存在较大的财务风险，会引起极大关注；而商业银行现金流为负的现象相对更加常见。另外体现在市场关注度方面，比如资本市场分析师基本不分析商业银行的现金流量表。

为的动机、方式和手段也与非金融企业存在区别。更深层次的区别在于，商业银行同受会计监管和金融行业监管（本书将其界定为双重监管）。这导致商业银行会计存在一些令人困惑的问题：①按照传统的公司治理理论或者凭借直觉，双重监管本应更加有效地遏制商业银行会计机会主义行为，为什么金融危机中倒闭的许多银行仍能够实施过度的会计操纵行为[①]？②金融资产计量由"已发生损失模型"变更为"预期损失模型"，与已有会计理论"基于过去"的逻辑并不吻合，既然如此，为什么还会调整会计准则？③关于公允价值会计运用的问题长期争论不休，会计监管希望加大公允价值的运用，为什么金融行业监管却如此反对加大公允价值的运用[②]？

　　上述现象和问题体现出，现有会计理论中的部分基础理论无法有效解释商业银行会计问题，商业银行会计准则的发展演变也并没有完全遵循现有会计基础理论。因此，应该围绕商业银行会计问题开展更多、更深入的研究。一方面，商业银行会计的研究要尊重商业银行经营目标与非金融企业经营目标基本相同这个事实，遵循现有会计理论的整体框架；另一方面，针对商业银行会计问题的研究应该充分考虑商业银行的特殊性，尝试区别于传统基础会计理论的研究视角，拓展出适应现实世界、给予现实世界有效解释的会计理论。

问题二：我国银行会计问题研究的现状如何？

　　笔者以万方数据库为例，检索"商业银行会计"相关主题[③]，获取2009年至今发表的核心期刊论文810篇、提交的学位论文583篇。这些研究成果呈现以下特点：研究主题上，"公允价值会计"相关的研究更深入、

---

① 根据 FASB 委员 Thomas J. Linsmeier 的数据（2010），在 2009 年倒闭的 140 家美国银行中，有 120 家银行倒闭前的会计报表显示其净资产为正，很多银行甚至在破产前 4 到 6 个月内"资本充足"。也就是说会计信息并没有真正反映商业银行的财务状况，这是会计操纵的直接证据。

② "预期损失模型"和公允价值运用，其背后也意味着双重监管的分歧，笔者将在本章"问题三"中进一步阐释。

③ 主要是 2008 年全球金融危机过程中备受关注的相关议题，包括：银行会计、金融工具会计、拨备计提、贷款减值、公允价值会计、金融资产分类。

发表期刊的质量更高,"贷款损失准备计提"相关的研究有一定数量,其余主题的研究相对有限;研究方法上,规范分析和实证分析并驾齐驱,但规范分析的文章分析不够深入,尤其体现为对制度背景的挖掘不够深入,同时实证研究方法也不够成熟;研究活跃程度上,远不如国外近年(尤其是金融危机之后)商业银行会计研究活跃,与国内非金融行业会计研究的蓬勃发展也不匹配,并且研究数量未呈逐年明显上升的趋势。这些成果基本反映了我国商业银行会计问题研究的现状。

既然商业银行会计问题是一个"真问题",也是一个重要问题(如前所述),为什么相关研究在我国并不活跃?我们试着从两个角度分析原因。一个角度是基于现实环境的:多年来我国缺乏研究商业银行会计问题的土壤,是造成这种局面的直接原因。具体体现在,我国既缺乏讨论商业银行会计制度的内在动力,也缺乏讨论商业银行会计问题的现实压力。主动讨论制度制定的动力不足是因为,虽然我国参与国际规则制定的话语权不断提升,但制度制定中的博弈过程主要在西方进行,我国仍以保持与国际规则趋同/等效为主。商业银行会计问题与金融风险关系相关研究缺乏现实压力的原因在于,我国政治经济体制形成的强力干预能力,使我国多次避免金融危机的发生,同时,也自然地缺少危机银行研究样本。

另一个角度是基于纯研究的:商业银行会计研究投入高、产出不保障,也会导致这方面的研究不活跃。一方面,商业银行会计问题的研究对知识储备的要求高,需要较高的投入。如美国学者 Bushmen(2014)所言,"经济学家和政策制定者对银行业强大而有洞察力的会计研究需求,可能从未像现在这样高。然而,该文献的绝对数量、范围和复杂性对博士生和其他对从事银行业研究感兴趣的研究人员构成了重大的入门障碍……研究人员很容易在达到临界点前就耗尽精力……在银行业等领域挑战理论文献是一个令人生畏的前景,需要投入大量精力"。要研究商业银行的会计问题,必须同时具备金融业知识和会计知识的储备。目前,在国内绝大多数高校会计专业开设的课程体系中,金融工具会计仅仅出现在会计学教材的一个章节中①。会计学专业的本科学生除了在选修课上可能接触银行会计外，很难有其他接触渠道。即使进入研究生阶段，往往因其指导导师研究主题和研究兴趣并非商业银行会计领域，而无法获得深入接触银行会计问题的机会。而金融学专业的学生，除学习基础会计的知识外，并不具备系统学习会计理论的条件，很难关注微观层面的银行业会计问题。另一方面，商业银行会计问题研究面临产出不高的风险。具体体现在：我国可借鉴的研究成果相对有限；多年来我国商业银行的公开数据样本少②、同质化程度高，实证研究的结果可能不够理想；研究人员的群体较小，导致研究成果的学术影响力有限，对研究动力形成负向激励。

需要重视的是，随着我国商业银行经营环境的变化，研究银行会计问题的意义和价值已今非昔比。虽然我国凭借处置机制和能力防止了金融危机的发生，但多家银行在会计方面不断暴露问题，如锦州银行 2018 年年报延期披露、披露年报后显示大幅亏损，包商银行出现流动性危机被银保监会接管，还有多家农商行延迟会计报表披露。这些银行的会计问题，以及由此造成的经济后果，已敲响了风险防范的警钟。商业银行会计问题的研究就需要更加活跃了。

问题三：如何认识双重监管视角在商业银行会计研究中的重要性？

（一）双重监管是打开商业银行会计问题研究之门的钥匙

为什么说双重监管是打开商业银行会计问题之门的一把钥匙？直接的理由是，站在双重监管（尤其是双重监管差异）的视角更容易解释前文（本章"问题一"）中那些令人困惑的问题。①双重监管并未更加有效地遏制商业银行会计机会主义行为，原因可能在于，一方面双重监管之间的

---

① 金融工具会计和商业银行会计并不能完全画上等号，因此对于商业银行会计的直接知识储备更少。

② 2016 年 A 股上市银行的数量仅为 16 家，截至 2022 年 3 月底已突破至 42 家。

差异被商业银行利用，成为其自身操纵会计行为的监管依据[①]；另一方面双重监管之间的差异产生更多的监管约束，诱使商业银行会计行为被动扭曲[②]。②金融资产计量从"已发生损失模型"变更为"预期损失模型"，也与双重监管理念差异相关。因为"预期损失模型"虽然与已有会计理论"基于过去"的逻辑不吻合，但与金融行业监管唯风险论的理念吻合[③]，模型调整旨在提前缓释无法收回贷款造成的风险、降低外溢风险。③围绕公允价值会计运用的问题长期争论不休，也与双重目标差异有关。因为加大公允价值的运用、及时反映金融资产数量虽然符合会计监管的目标，但公允价值运用导致监管资本数量波动、影响监管资本质量，违背了金融行业监管目标。

如上述分析，金融行业监管和会计监管基于不同的理论基础，却同时作用于商业银行并相互影响，形成了理论上的交汇领域。如果我们站在各自的研究领域，尤其是仅站在会计领域分析商业银行会计问题，自然会觉得这些问题令人困惑；而站在双重监管这个理论制高点来分析问题，容易得出更加清晰、客观和全面的解释。

目前关于双重监管共同点的研究[④]更普遍，而双重监管差异的研究不够。研究不够主要因为双重监管差异在现实中被认为是自然而然和顺理成章的。监管机构容忍差异甚至利用差异，作为处理商业银行问题的"缓冲地带"；作为被监管对象的商业银行，不仅能够较快适应双重监管差异[⑤]，

---

① 比如，无论商业银行多计提拨备少计提拨备，都能找到监管依据（多计提符合金融行业监管，适度计提符合会计监管）。

② 按照 Luc Laever（2013）的说法，西方有不少研究结果表明，银行受到严格的监管破坏了自然形式的治理效力，诱使商业银行公司治理机制扭曲。

③ 当然，金融行业监管对会计监管的干预是造成模型调整的充分条件，后文将进一步分析。

④ 很多理论分析总结了双重监管的共同之处，例如认为双重监管均关注银行（企业）的生存能力，努力促使银行持续稳健经营，均通过要求银行提供企业财务状况和经营业绩信息来缓解信息不透明问题。

⑤ 以我国银行为例，通常按照两套规则生成数据，使用两套不同的系统向监管部门报送信息，如"1104系统"专门用于向金融行业监管报送数据，会计信息系统用于生产会计监管所需信息（当然，金融行业监管会共享这些信息）；多家银行内部甚至设置两个业务部门对接不同的监管机构。

还会在特定时期利用差异实施会计机会主义行为。我们认为双重监管差异需要受到更多重视和系统梳理。一是从理论基础、目标理念、立场定位等方面，梳理双重监管之间究竟存在什么差异；二是厘清双重监管差异究竟导致什么问题，以及诱发商业银行机会主义行为等方面的机理；三是立足于客观存在的双重监管差异，思考双重监管关系何去何从的问题。

（二）双重监管行为和监管制度同样重要

监管行为和监管制度之间存在紧密联系。总体来说，监管制度和监管行为都是为实现监管目标而产生的，都是监管框架中的重要构成部分。具体来说，监管制度是实施监管行为的依据和准绳，监管制度指导监管行为；而监管行为是监管制度得以执行、落实的保障；另外，监管制度的制定过程也属于监管行为的一部分。

当前关于会计行为的研究，通常会充分考虑监管制度背景，但往往将监管行为假设为不变量。事实上，监管制度是静态的，而监管行为是动态的。监管行为是直接影响会计行为的一个重要因素，具有动态调整功能，包括矫正或者纵容会计行为。尤其是双重监管主体同时作用于商业银行的情况下，金融行业监管、会计监管和商业银行三者之间形成互动，双重监管行为比单一监管主体的行为更加复杂多样，双重监管对商业银行会计行为的影响程度也更大。

由于监管行为不易观察，缺乏可供搜集的数据，监管行为研究的难度较大。目前主要有两种研究方式，一种是应用博弈论相关理论和模型，推理分析监管的行为动态；另一种是在对监管行为观察总结的基础上，进行理论分析。双重监管行为研究除了理解监管行为本身外，其重要意义在于：一是通过监管行为分析去理解监管制度存在的问题和商业银行会计行为中的问题；二是有利于我们辩证看待双重监管关系，为有效处理监管关系提供借鉴，以达到提升监管效率的目的。鉴于商业银行监管行为研究的重要性，我们总结三种监管行为，即监管冲突、监管宽容和监管便车，从监管行为的视角去解释譬如"为什么商业银行进行会计操纵而未受到监管者的及时制止""为什么双重监管并未使监管总是更加有效"等问题。

（三）商业银行会计问题的研究需要认真对待双重监管关系

如前文分析，双重监管共同作用于商业银行，会导致商业银行的会计问题更加复杂。如何有效处理双重监管关系以缓解这类问题变得更加重要。围绕如何处理双重监管关系产生了两类观点：

一类观点是实现双重监管分离，保持会计监管的独立性，以提升会计监管效率。财政部会计司原司长刘玉廷（2010）提出，会计监管目标与金融行业监管目标之间存在的差异势必影响相关会计或者监管规定，为了实现不同的目标，会计规定和监管规定需要分离。这正是会计界维护会计独立性的代表观点[①]。

另一类观点是促进双重监管协调。协调可以理解为监管双方的妥协，监管双方在政策、行为等方面都或多或少地做出调整，降低双重监管制度的摩擦成本。对于商业银行会计而言，双重监管协调可能会拓展会计现有理论的边界和框架，比如从"公司治理"上升到"社会治理"，从"资产计量"到"风险覆盖"等[②]。

基于风险防范的现实要求[③]，需要思考如何有效处理双重监管的关系，提升监管效率。是维持/延续双重监管关系的现状[④]？或是坚持为保证会计独立性寻找理论支撑？还是对商业银行双重监管关系优化协调[⑤]？这是值得我们研究的问题。

---

① 笔者梳理会计制度变迁过程看到，更多时候金融行业监管既有动机也有能力对会计监管实施干预，造成会计监管无法完全保持独立性。第七章将对此展开分析。

② 具体分析见第七章第三节。

③ 我国 2016 年以来将金融风险防范上升至国家战略高度，在党的十九大报告中，"防范化解重大风险"位居"三大攻坚战"之首，"系统重要性金融机构"的风险防控是这一战的"牛鼻子"，而系统重要性金融机构多为商业银行。2017 年以来，银保监会针对商业银行开展密集的"三、三、四、十"监管检查，均把银行业风险防范风险作为其检查的重中之重。

④ 维持现状是一种权宜之计，最大的弊端在于一旦发生特殊情况（如金融危机），金融行业监管会干预会计监管，导致会计监管的效率更加受损。详见后文分析。

⑤ 下文将分析，协调或许是更切合实际、顺势而为的选择，也是符合现实的一种研究态度。

第二节　研究意义和主要内容

一、研究意义

我们围绕本书开展了以下工作：一是对已有文献、理论的梳理和挖掘。包括对双重监管差异表现形式和形成根源的梳理，对商业银行会计选择动机、手段和经济后果等方面的文献述评，以及对传导机理等基础问题的梳理。二是对客观现实的描述与总结。总结金融工具会计准则变迁的表现和特征，双重监管行为的三种情形、形成原因和对会计制度的影响，以及双重监管"脱钩"所产生的负面后果。三是通过对现实世界的分析去佐证相关理论。第四章呈现四篇研究成果佐证和阐述商业银行会计行为的相关理论，第六章通过五个案例呼应和解释双重监管行为的相关理论[①]。四是探索构建分析框架。通过厘清双重监管如何影响商业银行会计行为、会计行为如何产生风险等方面的传导机制，为实证研究提供一个初步的理论框架。同时提出构建双重监管协调的三个维度，为提升监管效率提供启示。五是尝试开展包容性的研究。在内容上既研究商业银行的行为也研究监管行为，避免围绕某个单一问题展开分析，在视角上尽可能中立和客观，偏重解释性分析，尽可能运用提问的方式以增强本书的可读性。

本书试图以双重监管视角（尤其是双重监管差异视角）研究商业银行会计问题，立足金融学和会计学两个学科领域的交汇点，避免就会计讨论商业银行会计问题。通过梳理监管制度（行为）与商业银行会计行为的相互作用，力图拓宽商业银行会计问题的研究领域、延展研究起点，推动和深化商业银行会计问题的研究进程。我们期望通过对"双重监管差异""双重监管下的商业银行会计行为""双重监管的行为"和"双重监管关

[①]　尽管在研究方法上可能存在问题，双重监管行为的案例分析试图进一步加深读者对相关理论的理解。

系"四类具体问题的分析，形成聚焦商业银行会计问题和监管问题的一个初步分析框架，为该领域的后续研究做好铺垫和提供导览，并达到抛砖引玉的效果。

对于实务界而言，本书有利于监管部门、投资者进一步认识和理解商业银行会计信息的生成机理，从而为监管部门及时有效采取监管措施，为投资者利用会计信息进行投资决策等提供借鉴，同时，也期通过本书的分析，促进不同监管部门之间的相互了解和理解。

二、主要内容

本书包括"概述篇""商业银行会计行为篇""会计监管与金融行业监管行为篇""会计监管与金融行业监管关系篇"，以及"结语"五个部分。"概述篇"分为两章，含第一章"绪论"和第二章"双重监管概述和双重监管差异"；"商业银行会计行为篇"分为两章，含第三章"双重监管下的商业银行会计行为理论"和第四章"我国商业银行会计行为影响机制的实证分析"；"会计监管与金融行业监管行为篇"分为两章，含第五章"会计监管与金融行业监管行为理论"和第六章"会计监管与金融行业监管行为的案例分析"；"会计监管与金融行业监管关系篇"分为两章，含第七章"会计监管与金融行业监管关系分析"和第八章"我国会计监管与金融行业监管的协调构建"；最后为全书的"结语"。

第一章"绪论"，主要分析了与本书研究主题相关的三个问题，同时对本书主要内容做介绍。

第二章分析了金融行业监管与会计监管的背景特征，以及两者之间的差异。商业银行具有"产品不透明性""高杠杆""大而不能倒"等特殊性，导致需要实施金融行业监管，形成金融行业监管与会计监管（双重监管）的背景。金融行业监管与会计监管在贷款损失准备计提、公允价值运用与审慎过滤器等方面存在典型差异，这些差异是多方面的。双重监管的监管理论基础存在差异，金融行业监管缘起于凯恩斯的国家干预主义理论，证券市场监管（会计监管）基于亚当·斯密的自由市场经济理论；目标存在差异，金融行业监管将"加强银行系统稳定与安全"作为其始终如一的主要目标，会计监管机构以保护投资者为目标；监管立场定位存在差异，金融行业监管将自身视为"利益相关者"，会计监管将自身视为"中立者"；监管理念演变方面存在差异，金融行业监管制度调整的方向和力度具有明显的宏观调控性，会计监管一直以更快速、更直接地反映银行经营状况的市场价值信息为方向；监管权力等方面也存在差异。同时，站在银行稳定性和风险防范的视角看，金融行业监管的一切监管导向均以风险防范为重，会计监管更关心商业银行是否将风险相关信息及时向市场"反映"。双重监管共同作用于商业银行，导致商业银行会计问题的特殊性和复杂性：从监管主体来看，双重监管之间的差异可能导致监管主体之间形成冲突；从被监管主体来看，有动机利用双重监管差异实施会计机会主义行为。本章内容为后续章节关于商业银行会计行为、双重监管行为，以及双重监管关系的分析奠定基础。

第三章是以双重监管为背景，对商业银行会计行为的理论分析。本章从理论上分析商业银行在双重监管下的会计行为优序选择，总结了商业银行会计选择的手段、会计选择的经济后果，并梳理出有关会计选择传导机制的一个初步框架。所有行业企业都存在三类会计选择目标，包括实现契约目标、影响资产价格，以及影响其他外部方。具体到商业银行业，会计选择包括盈余管理动机和资本管理动机，因双重监管差异、监管指标之间此消彼长、外部环境影响等，商业银行难以同时满足双重监管要求。由于金融行业监管的监管手段更多、处罚更严厉，商业银行优先考虑迎合金融行业监管。商业银行会计选择的手段具体包括贷款损失准备计提、利用公允价值的不透明性虚增资产、减少对交易性金融资产的配置、出售金融资产实现利得、利用监管宽容寻求生存空间，以及退休福利会计政策的运用等。监管视角的会计行为经济后果包括对会计信息质量的影响、银行风险和顺周期问题，以及造成挤出效应、增加救助成本等。双重监管对商业银行会计行为的两种影响路径包括：双重监管存在差异甚至冲突，冲突越剧烈，赋予银行的会计选择空间越大；双重监管拓宽监管约束范围，造成银行会计行为扭曲。会计选择对银行稳定性（产生外溢风险）的影响渠道包括：一是会计选择行为影响会计数据进而影响银行稳定性，二是会计选择行为影响信息透明性进而影响银行稳定性。

第四章通过几个研究成果呈现我国商业银行在面临双重监管时所实施的会计选择行为。第一个研究考察资本压力与商业银行会计政策调整的关系，以 2013 年我国商业银行实施《商业银行资本管理办法（试行）》这一更严格监管制度为契机，分析在资本压力增加的情况下，商业银行是否会通过调整贷款减值和金融资产分类会计政策来缓解这一压力。研究发现：商业银行面临的资本压力越大，越倾向于通过会计政策调整来降低贷款减值准备计提比例；商业银行面临的资本压力越大，越倾向于通过会计政策调整将金融资产初始划分为可供出售金融资产，以减少交易性金融资产持有比例。第二个研究考察资本压力与贷款损失延迟确认。以我国某商业银行为案例，分析其处于财务困境时的会计选择行为，得出以下结论：一是当商业银行面临经营困境时，运用会计选择操纵其指标；二是商业银行的指标之间存在较强的钩稽关系，当商业银行面临困境时，很多指标会显现出问题，对于监管主体、市场主体，以及研究者而言，均可从多角度进行分析和观察；三是商业银行过度运用会计自由裁量权，通常会造成既违背会计监管目标（会计信息质量、保护投资者），也违背金融行业监管目标（风险防范、稳定性）的后果，包括造成增量损失、损害信息质量和损害投资者利益等，对此双重监管主体均应重视。第三个研究考察审慎过滤器对我国商业银行金融投资的影响。结合欧美国家的实践来看，审慎过滤器制度废止后欧美商业银行通过减少可供出售金融资产、增加持有至到期投资来缓解监管资本波动增大的压力，但我国 16 家 A 股上市商业银行在该制度废止后（2013—2017 年）金融投资变化情况与欧美国家存在差异。存在差异的原因可能在于欧美国家之前实施的是对称性审慎过滤器，而我国实施的是非对称性审慎过滤器制度，前者将未实现利得和未实现损失均排除在核心资本之外，而后者仅将未实现利得排除在外、未实现损失却要计入核心资本核算。研究认为，我国审慎过滤器制度废止后商业银行着手恢复金融投资功能，增加投资规模是为获取更多投资收益，增加可供出售金融资产压缩持有至到期投资是为获得更多流动性支持。第四个研究考察我国商业银行是否存在对一级资本进行调整的行为。研究结果表明，监管资本调整程度在样本银行中分布不均；高杠杆、低权益的银行受益于监管资本调整，报告的一级监管资本数额超过普通股东权益，说明其会依靠监管资本调整来提高一级资本充足率；相对于杠杆较低的银行，这类银行会更积极地管理监管资本的结构；这类银行避免资本扣除，同时发行其他一级资本工具来代替成本高昂的普通股股票；这类银行还会倾向于利用会计处理来增加一级资本。低杠杆、高权益的银行利用监管资本调整来增加资本的现象就不那么普遍了，这类银行使用向下监管资本调整的概率相对较高。研究还发现，在向上监管资本调整的手段中，商业银行主要通过增发优先股来调增一级资本；在向下监管资本调整的手段中，商业银行主要通过减少商誉的计量来避免一级资本的扣除。

第五章是双重监管行为理论分析。观察总结双重监管之间存在的三种监管行为：监管冲突、监管宽容以及监管便车。监管冲突是监管主体之间因为互不相容的目标引起不一致或者对立的一种状态；监管宽容是指金融行业监管机构允许相关监管指标低于法定标准的银行继续经营的行为；监管便车是某个监管主体承担监管活动少于它应承担公允份额的行为。监管冲突蕴含在监管制度中，体现于监管行动中，在发生经济/金融危机等情况下相关方会引起重视并进行解决；监管冲突对于会计的影响在于很容易为商业银行实施会计机会主义行为提供监管依据。监管宽容分为"个案宽容""类别宽容"和"批发宽容"三类；个案宽容一般出现在金融或经济危机前期，而类别宽容和批发宽容通常出现在金融或经济危机的中后期；监管宽容的原因包括，基于"大而不倒"原则考量，试图减少存款保险基金损失和为金融或经济危机后出台的相关救助政策发力创造时间窗口；监管宽容超过了会计选择的正常范围，导致引发严重危机事件、显著增加财务救助成本、显著增加管理层道德风险等严重后果。监管便车包括"监管信任""监管依赖""监管和谐"以及"监管忽视"等情形；金融行业监管受到信任（或依赖）的客观原因主要包括资源配置权、牌照赋予权、危机处置能力，以及专业知识壁垒等方面；各监管主体主观上是否搭便车是基于成本收益考虑的结果；监管便车导致商业银行实施机会主义行为的空间变大。

第六章是双重监管行为的案例分析，案例分析内容与第五章的理论分析相对应。第一节包括监管冲突的两个案例。案例一以美国大型银行 SunTrust 为例，描述了该行贷款损失准备计提引起的双重监管冲突。在美国储贷危机之后经济逐步复苏的情况下，SunTrust 银行的不良贷款率明显下降但贷款损失准备反而上升，美国证券交易监督委员会（SEC）要求 SunTrust 银行重述收益并下调贷款损失准备金。SEC 的要求引起金融行业监管部门反对，引发双重监管冲突并上升到国会层面。冲突虽以妥协告终，但体现出如何兼顾会计监管和金融行业监管是一个必须面对和重视的问题①。案例二通过分析 2008 年全球金融危机后欧盟对金融工具会计监管制度变革的影响，进一步揭示会计监管与金融行业监管制度冲突，及金融行业监管机构与会计准则制定机构的博弈过程。案例分析揭示出，金融行业监管机构干预金融会计准则的制定，金融行业监管机构基于金融稳定的考虑而要求会计准则赋予商业银行的会计自由裁量权，并未把会计信息是否客观及时/是否容易理解应用放在首位。第二节是监管宽容案例。日本政府为防止银行倒闭启用监管宽容工具，包括修订对资本核算有影响的关键会计制度，修订商法允许对土地资产进行重估，推出针对递延所得税资产的监管宽容工具。案例分析揭示出，金融行业监管机构在实施监管宽容过程中未科学把握宽容的合理程度，使宽容演变为"纵容"，最终酿成重大金融事件并诱发系统性风险。第三节是监管便车案例。以加拿大商业银行为例，描述了双重监管在该银行实施会计操纵时的监管便车行为。在加拿大商业银行通过减少贷款损失准备计提、资本化利息、提前确认应收利

---

① 当前调整拨备计提制度，只解决了选择何种方式计提的问题，并没有解决计提多少的问题，所以其实际效果尚需检验。

息、确认非利息收入等手段进行会计操纵的情况下，金融行业监管与银行管理层"合谋"，并过度依赖审计结果，双重监管主体和商业银行三者之间"相互增信""相互背书"，放纵了商业银行的会计行为。案例分析揭示出，金融行业监管、会计监管主体之间相互搭便车，同时实施监管宽容，为银行内部过度滥用会计手段提供空间，是造成财务信息没有反映出其真实经营状况的直接原因。

第七章是关于双重监管关系的理论分析。虽然会计界和金融界都提倡"脱钩"，但金融行业监管视角下的"脱钩"是金融行业监管对会计监管的一种干预或者替代，是"部分脱钩"而并非真正意义上的"脱钩"；会计监管倡导的"脱钩"，核心目的是维护会计准则的独立性。脱钩的三个条件：金融行业监管和会计监管可以相互独立，或者会计监管的功能能够完全满足金融行业监管的要求，或者会计监管需要比金融行业监管更加强势（至少在双重监管博弈中不处于弱势）。如果无法满足上述条件之一，双重监管"脱钩"既不合适也不现实。金融行业监管对会计监管的干预包括，金融行业监管对会计准则提出评价标准，推动会计制度的变迁。这种变迁包括：一是会计准则的角色有所拓展，从公司治理上升到了社会治理的层面；二是会计功能有所扩展，从传统的资产计量职能延展到兼具风险覆盖职能；三是会计监管立场有所转变，由坚持客观中立变成在一定的时候有所容忍（可视为金融行业监管宽容向会计监管宽容的渗透）。变迁后的制度并不一定是最好的制度，所以监管主体之间的持续博弈和对制度的矫正尤为重要（监管环境很重要）。基于无法脱钩的事实，"协调"模式的长处和优势便体现出来，分析双重监管"如何协调"比"应不应该协调"更加重要。

第八章是关于双重监管协调构建的设想和建议。本章分析了我国监管制度、监管主体体制机制和商业银行的特征，认为我国更适合探讨更高层面的监管协调问题。双重监管协调包括三个层面。监管目标层面的协调：宏观目标上升到"社会治理"的高度；微观目标为共同提升"商业银行资本质量"。监管制度层面的协调：金融行业监管需要更"市场化"，要限制监管容忍的空间；会计监管方面制度制定要充分重视商业银行的特殊性，主动提升资产质量、资本质量、全面风险管理等方面信息披露的透明度，进一步提升会计报表的质量，保证对过程的监管。监管机制层面的协调：充分用好我国的体制优势，避免双重监管的便车行为，共同推动公司治理的完善，加强对商业银行的分类分层管理。

最后是结语部分。着重列举了本书研究中存在的问题，以及未来可能的研究方向。

第二章 双重监管概述和双重监管差异

第一节 双重监管概述

一、商业银行的特殊性与金融行业监管

商业银行特殊性体现在多个方面，已有研究（Caprio et al.，2007；Macey et al.，2003；Benston，2004；李维安，2005；Turner，2008；Laeven，2013）将其总结为：①产品不透明性；②高杠杆；③期限转换功能；④信贷提供功能；⑤导致系统性风险；⑥救助机制与"大而不倒"。

商业银行"产品不透明"体现为贷款等合约不透明，导致商业银行的信息不对称现象比非金融行业企业更普遍，委托代理问题也更严重，存款人很难约束银行行为（Caprio et al.，2007）；会计信息传递不透明导致管理层的机会主义行为不容易被发现（Bhattachary et al.，1998；李维安，2005）。商业银行具有"高杠杆"特征，杠杆普遍在 10 倍以上。高杠杆导致所有者和债权人在面临风险时获得收益不对等，使得商业银行更有动机进行高风险经营（Avgouleas et al.，2015）。有学者指出，医药行业存在"产品不透明"，研发行业的杠杆普遍较高，但都未体现出明显的高风险特征，而商业银行"产品不透明性"和"高杠杆"相叠加，导致商业银行的风险被其高财务杠杆进一步放大，才是真正的特殊之处（Laeven，2013）。

商业银行具有"期限转换功能"，即"短借长贷"，该功能的社会价值在于创造了对长期投资有利的利率期限结构，使社会家庭通过持有长期负债（抵押贷款）和短期资产（存款）而获得财务规划好处，但对银行而言这是一种极具风险的业务，且这种风险又容易导致系统风险（Turner，2008）。商业银行具有"信贷提供功能"，这种功能影响着实体经济的发展状况。信贷供应数量与价格的波动是引发微观经济波动的最主要原因，所以商业银行具有传感器效应，自身的财务问题通过其资产负债的配置传染风险（Turner，2008）。"期限转换功能"和"信贷提供功能"均为重要的社会功能。

商业银行的"救助"机制与"大而不倒"，主要由商业银行所承担的上述重要社会功能所致。因为银行的破产和倒闭事件，尤其是多家银行的破产和倒闭事件，不但使大批银行投资者、债权人（包括众多中小储户）遭受损失，也会使大量家庭单元受到影响，更会引发整个社会实体经济的动荡，甚至衰退（Turner，2008）；所以，当商业银行面临风险时，政府会实施救助，而且银行越大、对经济的影响越大越容易获得救助，因此被认为"大而不倒"。商业银行"产品不透明性"和"高杠杆"导致的风险偏好，与"大而不能倒"的预期相叠加，使高风险经营的问题进一步加剧，因此，需要对商业银行实施金融行业监管。

金融行业监管制度至少包括存款保险制度、最优资本金率、设定银行准入的特许权、机构监督、银行倒闭与清算制度等（类承曜，2007；周莉萍，2016）。其中，存款保险和资本监管等制度共同形成了至关重要的金融安全网（Berger，1995）。

资本监管是当前最重要的金融行业监管制度，其核心是抑制商业银行的过度冒险行为：资本监管的目标是通过迫使所有者将其个人财富的大部分置于银行的风险中，从而减少所有者的冒险动机（Kim et al.，1994）；在支付统一保险费率的情况下，资本监管会抑制银行过度冒险的动机（Keeley et al.，1990）；如果没有最低资本金率的规定，资本金不足的银行风险偏好更强（Rochet，1992）；监管部门规定的最低资本金率实际上是规定了将控制权从股东转移给监管部门的临界点（Dewatripon et al., 1993）；资本充足率作为金融行业监管工具，其缓冲损失的功能可以防止银行倒闭（Dewatripont et al., 1994）。"存款保险制度"在一定程度上能起到防范银行危机的作用，但存款保险制度又导致了道德风险问题（Barth, 1991），使银行"大而不倒"的后果更严重。为了应对这种风险转移行为，政府机构实施审慎监管，以弥补存款保险和政府救助等"隐性担保"所导致的债务约束缺失（Bhattacharya et al., 1998）。金融行业监管是商业银行与非金融行业企业相比的重要特殊性之一，金融行业监管使商业银行的公司治理问题和会计问题变得更为复杂。

二、金融行业监管主体和会计监管主体

"监管"是监督管理的简称，可理解为某个主体通过制度制定、检查、督促和控制等环节，促使另一主体行为达到预设目的的一种活动。本书所讨论的监管均指外部监督管理，不讨论银行内部的自我监督管理。

世界各国的金融行业（银行业）监管体制可分为两种类型：一种是中央银行与其他的金融行业管理机关共同行使金融行业监管权；另一种是设立专门的银行业监管机构，完全承担由中央银行分离出来的职能。以我国为例，当前实行后一种监管体制，由中国人民银行实施金融宏观调控（制定货币政策等）职能，中国银保监会实施微观审慎监管。本书所讨论的金融行业监管机构主要指实施微观审慎监管的机构。

目前，巴塞尔银行监管委员会（Basel Committee on Bank Supervision，以下简称"巴塞尔委员会"）是国际金融行业（银行业）监管的主要代表。该机构在1974年德国Herstatt银行倒闭、各国之间需要协调以降低国际银行业相关风险的背景下，由十国央行行长在瑞士巴塞尔发起成立。该机构旨在加强成员国之间的合作，通过颁布最佳做法鼓励成员国采取共同标准等方式提升监管效率。其制定的制度成为国际通行、各成员国共同遵守的规则，也是当前各成员国金融行业（银行业）监管机构制定制度的重要参照和依据。美国银行业实施国法银行和州法银行并存的双重银行业监

管体制，金融行业（银行业）监管机构主要包括美国货币监管总署（OCC）、联储理事会（FRB）、储蓄机构监理局（OTS）、美联储（FRS）和联邦存款保险公司（FDIC），还包括各州政府。美国法律规定，美国商业银行要想吸收存款必须首先加入联邦存款保险公司，所以 FDIC 是重要的金融行业（银行业）监管机构。

1984 年起，我国形成了中央银行和专业银行的二元银行体制。中国人民银行对银行业在内的金融行业实施综合监管。2003 年，中国银行业监督管理委员会成立并履行职责，实施针对银行业金融机构的专门监管。2018年，中国银行业监督管理委员会和中国保险业监督管理委员会职责整合，组建中国银行保险监督管理委员会（以下简称"银保监会"）。中国银行保险监督管理委员会的职责包括制定监管制度、金融机构市场准入和退出、日常业务经营、危机处置以及现场和非现场稽核等微观审慎监管职能，其在各省（自治区、直辖市）设立派出机构。

各国国内金融行业（银行业）监管机构的主要职能往往是合为一体的，即银行业监管机构既是规则的制定者，也是规则执行的直接维护者。规则制定作为规则执行的前置行为；规则执行维护通常包括金融机构市场准入的监管、日常业务营运活动的监管、危机处理和市场退出的监管以及现场和非现场稽核等方面。相比而言，会计监管主体更具多元性，其规则制定者和规则维护者往往是不同的主体。

会计监管机构主要包括三类。一是会计准则制定机构。其中，国际会计准则委员会于 1973 年成立，其基本目标包括：按照公众利益，制定和公布在编制财务报表时应遵循的同一会计准则，并促使其在世界范围内被接受和执行；为改进和协调与财务报表有关的会计准则和会计程序而努力。美国的会计准则制定机构是财务会计准则委员会（FASB），属于准则制定私营机构，其权威性经 SEC 正式承认。二是监督会计准则执行的强制机构。通常，证券监督管理委员会对上市企业履行会计监管职能，财政部等机构对非上市企业履行会计监管职能。三是审计机构和一些市场监督主体。其中，审计机构主要受股东委托，对企业进行独立审计，对企业的经营管理行为和企业所提供的会计信息真实性出具意见。

在我国，财政部负责会计准则的制定发布；中国证券监督管理委员会对上市公司会计行为进行监管；多家会计师事务所负责开展审计工作。

三、金融行业监管制度和会计监管制度

North（1981）将制度界定为："制度是为约束在谋求财富或本人效用最大化中个人行为而制定的一组规章、依循程序和伦理道德行为准则。"制度提供人类在其中相互影响的框架，使协作和竞争的关系得以确定，从而构成一个社会特别是构成一种经济秩序。本书将制度理解为，制度是其制定方的意图的体现，制度提出规则和要求对相关主体进行约束，并导致一定的后果。

金融行业（银行业）监管制度体系主要包括商业银行公司治理、内部控制及风险管理、资产及其管理、资本及其管理、流动性风险与其他风险、表外业务及其他创新业务等制度。其中，资本管理制度是金融行业监管制度的基石。当前最具权威的国际性资本管理监管规则是巴塞尔协议（Basel 协议）。巴塞尔委员会先后发布了三份关于银行资本监管的文件：一是 1988 年发布的《资本计量与资本标准国际协议》（以下简称"BaselⅠ"）；二是 2004 年发布的《资本计量与资本标准国际协议的修订框架》（以下简称"BaselⅡ"）；三是 2010 年发布的《更具弹性的银行和银行系统全球监管框架》和《流动性覆盖比率与流动风险监控工具》（以下简称"BaselⅢ"）。BaselⅠ规定，商业银行按照风险抵补能力区分"一级资本"和"附属资本"，合计形成"资本净额"；按照资产类别、流动性和风险程度，对不同风险资产的"风险权重"加总计算出"风险资产总额"；将资本净额作为分子，风险资产总额作为分母，计算得出资本充足率。BaselⅡ在BaselⅠ的基础上进一步扩充和完善，主要包括：拓展风险种类，增加"监管部门的监督检查"，增加"市场纪律"第三支柱。2007 年次贷危机之后推出 BaselⅢ，主要变化有：增加了监管指标，提高了资本质量要求和资本充足率要求，增加"信息披露"第四支柱。从 BaselⅠ到

Basel Ⅲ，巴塞尔委员会始终围绕提升资本吸收损失的能力、增强风险防范能力等目标持续推进制度改革。

我国自 2009 年成为 G20 成员、2009 年 3 月加入巴塞尔委员会之后，引入巴塞尔资本协议。原中国银监会于 2010 年 8 月发布《商业银行新资本协议实施申请和审批指引》征求意见稿；于 2012 年出台《商业银行资本管理办法（试行）》（2013 年实施）。目前，我国的资本管理办法已与《巴塞尔协议》实质趋同。

会计监管制度主要是与会计相关的法律法规或者部门规章，如法规层面的会计法、注册会计师法，部门规章层面的企业会计准则。对于上市公司而言，还需要遵守证券相关的法律法规，如证券法等。美国于 1933 年颁布的《证券法》，确立了证券市场的初始信息披露制度，详细规定了招股说明书必须披露的信息，其中与会计相关的有：公司业务描述、风险因素、财务状况、经营管理情况、关联交易情况、所发行证券的价格和发行价格、募集资金用途和详尽的财务报告等。1934 年，美国颁布《证券交易法》确立了证券市场的持续信息披露制度，其中与会计有关的有：定期报告（包括年度报告、季度报告和临时报告）和重大事项报告等。1980 年，美国 SEC 颁布了 10-K 表格，采纳修正后的年度报告并制定 "S-X" 规则，涵盖各种财务报表的格式和内容，形成综合信息披露模式。1989 年，SEC 发布了"管理层讨论与分析"披露规定，要求管理层披露公司发展趋势、事项和可合理预见将对公司未来产生重大影响的不确定因素，并允许公司披露预测的未来发展趋势或事项以及目前已知晓的发展趋势、事项或不确定因素的未来影响。2002 年美国颁布的《萨班斯-奥克利斯法案》对会计信息披露又提出新要求。

会计监管制度中，对会计行为影响最直接、最具体的当属企业会计准则，主要的会计准则有国际会计准则、美国会计准则等。目前，我国企业会计准则已与国际会计准则实质趋同。我国会计基本准则提纲包括总则、会计信息质量要求、财务会计报表要素、会计计量以及财务会计报告等 11 章内容。具体准则包括 38 章内容。其中，第 22 号具体准则专门针对金融工具确认和计量；第 23 号具体准则专门针对金融资产转移；第 37 号具体准则专门针对金融工具列报。

无论从监管主体还是监管制度来看，双重监管之间都存在差异。这些差异也见之于研究人员的分析。Spatt（2010）以"市场诚信"（代表会计监管）和"金融稳定"（代表金融行业监管）冲突的视角，从信息披露、监管强度、会计准则等方面比较了两者的差异；于永生（2017）从理论层面、制度层面、监管机构立场三个层面总结了双重监管的冲突；佟玲（2014）从管制范畴与职能边界、利益诉求优序选择、信息质量逻辑顺位和信息披露机制四个方面总结了双重监管的差异。Jeff Downing（2019）[①]研究了会计监管和金融行业监管之间的差异对银行投资和风险决策行为的影响。

本章主要分析双重监管差异。重点通过对制度的梳理和分析，聚焦会计监管制度与金融行业监管制度有关，但又存在不一致的重要问题，比如，贷款损失准备计提问题，以及公允价值运用与审慎过滤器问题，厘清相关问题和其背后的逻辑，对双重监管差异进行全面的总结和梳理。

第二节　双重监管下的贷款损失准备

一、贷款损失准备制度的发展演变

（一）贷款损失准备制度的初步形成

与贷款损失准备计提相关的早期制度，可以追溯到美国的《收入法》。在 1947 年之前，美国商业银行处理贷款损失采用"核销法"。为减小 20 世纪 30 年代"大萧条"给银行业带来的冲击，1947 年美国国内收入署（Internal Revenue Service）发布《收入法》，要求银行设立贷款准备金账

户，同时规定准备金账户余额可按过去 20 年贷款损失平均值的 3 倍计提，并全额免税。该规定鼓励银行计提贷款损失准备金，导致计提数逐年增大且远远大于实际核销数，对美国财政收入造成影响。1969 年，美国国会通过税收改革法，要求银行调整贷款损失准备计提政策，并在未来的 18 年内（1969—1987 年）逐步完成过渡：过渡期内，可采用美国国内收入署规定的"比例法""历史数据法"，但"历史数据"仅以过去 6 年历史数据为基数；过渡期结束后，最多仅按照"历史数据"的 1 倍作为免税计提基数。1986 年美国如期颁布《税收改革法》，规定总资产超过 5 亿美元的银行①实际免税额仅限于报告期内实际核销的贷款额，不再额外享受税前免税计提贷款准备金的待遇。

发生经济危机之后，监管部门吸取危机教训，结合风险防范需要，要求银行计提贷款损失准备，并通过税收优惠手段激励银行加大计提力度。随着经济的复苏和税收需求的增长，监管部门不再鼓励大力计提拨备，要求逐年降低计提比例。可以看到，拨备计提制度自发展初期就具有宏观调控的特征。

（二）金融行业监管拨备计提制度的发展

当前，各国金融行业监管机构对于贷款拨备的计提规定大同小异，普遍倡导通过对贷款风险的分类认定计提拨备。最简单的划分是将贷款分为不良贷款和正常贷款，实施分类计提。不良贷款通常风险较大或者已发生损失，针对不良贷款按一定比例计提专项拨备；正常贷款（包括关注贷款）通常未出现明显风险，针对正常贷款按一定比例计提一般拨备。美国金融行业监管部门的拨备计提制度规定，贷款按照不同的风险（形成损失可能性）分类为五级，包括正常类、关注类、次级类、可疑类和损失类，不同风险贷款按不同比例计提拨备。拨备计提已经明显具有基于"预期风险"的理念，体现了风险防范的思想。我国的拨备计提制度规定，将贷款分为五类，包括正常类贷款、关注类贷款、次级类贷款、可疑类贷款、损

---

① 当时规定，对总资产低于 5 亿美元的中小银行仍保持一定的政策倾斜。

失类贷款，后三类为不良贷款，针对不良贷款计提专项拨备。总体而言，我国计提专项拨备和一般拨备的规定与国际主流制度实质趋同。

有个别国家（如西班牙）在专项拨备和一般拨备的基础上，另行计提动态准备金（dynamic provisioning），其原理是在经济上行期多计提拨备，以缓冲经济下行期因贷款违约增加给商业银行经营带来的风险。金融稳定委员会（FSB）在次贷危机后亦提出以经济周期动态拨备法计量金融资产的要求，这与美国因税收调整拨备制度类似，再次体现出拨备计提制度的宏观调控性特征。

资本监管与拨备计提有密切联系，具体体现在资本监管和拨备计提都被运用于风险管理，资本用于吸收商业银行的非预期损失，贷款拨备用于吸收商业银行的预期损失，资本与贷款拨备共同构成银行抵御风险的防线。资本监管对拨备计提的影响主要体现在，银行所计提的拨备属于备抵资产，拨备额度是否可以纳入资本会影响银行拨备计提的动力。如果计提的拨备可以全部纳入资本，即无论计提多少拨备，都不影响其资本总额，这时候银行就会基于利润的目标对拨备计提数量进行调节。事实上，计提的拨备并不能全部计入资本。1988 年，《巴塞尔协议》建立了最低资本充足率监管原则，在一级资本中剔除了贷款准备金，仅可以在二级资本中将贷款准备金中不超过风险加权资产的 1.25% 部分计入。因此，资本监管会对银行贷款拨备计提产生影响。

（三）会计监管贷款损失计提制度①的发展

在美国，FASB 发布于 1975 年的《或有事项会计》（*Accounting for Contingencies*，FAS 5），为包括贷款在内的所有应收款项提供减值计提依据。直到 FASB1993 年发布 FAS 114，作为贷款减值计提的专门依据。FAS 114 规定：判断方式上，当贷款在可能无法如期支付全部利息或本金的情况下，被看作减值贷款；确认时点上，基于财务报表日期的过去事件和条

---

① 在我国，金融行业监管通常称其为"贷款拨备"，会计监管通常称其为"贷款损失准备"，两者的称谓及称谓的内涵存在着一定差别。为简化，本书后续分析中忽略这种差别，将两个概念混用。

件可能发生损失时进行减值确认（采用"已发生损失模型"）；计量模式上，基于以贷款利率折现的未来现金流现值，或者基于贷款的可观察市场价格或抵押品的公允价值，主张单笔大额贷款采用账面价值与现值孰低法、组合贷款采用历史经验法的混合计量模式。

国际会计准则委员会（IASC）1989年立项制定金融工具会计准则，历时九年，于1998年发布《国际会计准则第39号：金融工具——确认和计量》（以下简称"IAS39"）。第39号国际会计准则涉及：明确金融资产的计量原则，在初始确认时应以成本计量，后续计量应采取不同的计量属性，包括公允价值、摊余成本；明确金融资产减值的处理原则，如果金融资产的账面价值大于其预计可收回金额，则表明该项金融资产发生了减值；明确按规定确认减值损失。

根据会计准则，尽管贷款损失准备计提从计量属性上采取包括公允价值和历史成本在内的混合计量模型，但在确认时点上采用"已发生损失模型"。"已发生损失模型"要求当且仅当存在客观证据证明某损失事项导致资产减值并且该损失事项可以可靠估计时，针对资产计提减值损失；如没有客观证据，无论未来事项引起预计损失的可能性有多大，都不予确认损失。该模型基于过去交易或事项的"发生观"，强调会计信息的中立性和如实反映，是基于传统的会计基础和会计假设所采用的模型。按照 Larry 和 Timothy（2000）的观点，其合理之处在于：第一，为使投资者更好地评价所投资企业，财务报告致力于对企业资产负债表日的资产负债状况和某一期间净利润状况进行准确计量，因而仅关注资产负债表日前发生的可能导致贷款损失的事件；第二，依据会计应计制原则，财务报告仅能将贷款损失在引发损失的事件发生期间内确认，不能提前或延后。

2008年全球金融危机是贷款损失准备计提准则发展的一个分水岭。危机前的会计准则主要使用"已发生损失模型"，危机后的主流会计准则均先后修改为"预期损失模型"。作为会计监管机构对2008年全球金融危机的重要回应，贷款损失准备会计准则将"已发生损失模型"改为"预期损失模型"，旨在改变广受诟病的损失准备计提"太少、太迟"问题。国际会计准则理事会（IASB）于 2014 年 7 月发布了《IFRS9 金融工具》替代《IAS39 金融工具：确认与计量》，以预期损失模型取代已发生损失模型；FASB 于 2016 年 6 月发布相关条款，要求根据历史经验、当前状况和合理预测信息对金融工具计提预期信用损失，亦称为"当前预期信用损失模型"（CECL）。IASB 和 FASB 修改后的贷款损失准备模型具有的共同点：都提高了信用风险确认的前瞻性和审慎性，不仅要确认已发生损失，还要确认未来的预期损失，与金融行业监管的总体思路保持了一致。

2017 年 4 月，财政部发布新准则，我国金融资产减值会计由"已发生损失法"改为"预期损失法"，强调信用风险损失的提前确认，完成与国际会计金融工具相关准则的持续趋同。我国修订实施"新金融工具准则"，对贷款损失准备计提使用预期损失模型，A+H 股上市银行于 2018 年起实施"新金融工具准则"，A 股上市银行于 2019 年起实施。

二、拨备计提监管差异

Larry 和 Timothy（2000）针对不同主体拨备计提理念所做的比较，能够体现不同（监管）主体之间的差异。①经济学家关注预期事件，其对拨备的观点是，如果借款人不按照贷款合同偿还贷款，拨备便能捕捉预期的损失。②相比之下，财务会计准则委员会的首要关注点是衡量一家公司在给定时期内的净收入，因此财务会计准则委员会将重点放在特定时期内具体事件造成的损失上，并明确排除了未来事件的预期影响。③金融行业监管机构认为贷款损失是一种资本，应该在好的时候积累起来，以吸收坏的时候的损失。这一观点区别于经济学家或财务会计准则委员会，因为它建议在经济繁荣时期保持贷款损失准备金高于预期损失。这种贷款损失核算的理念隐含在现有的资本监管中，包括将贷款损失备抵作为监管资本的一部分。

拨备计提会计准则在过去很长时间内是基于"已发生损失模型"的，从制度上直观地体现了双重监管存在的差异。尽管当前调整了制度，双重监管在拨备计提理念上的差异也难于统一，换句话说，差异导致的问题可能也无法得到根本解决。2019 年 9 月 26 日，财政部发布《金融企业财务规则（征求意见稿）》①，其中针对金融企业的拨备计提，拟规定不得超过监管要求 2 倍以上，超过部分应加回进行利润分配。财政部在起草说明中进一步解释道，以商业银行为例，拨备覆盖率超过基本要求（150%）2 倍的，存在隐藏利润倾向，应还原成未分配利润进行分配。事实上，34 家 A 股上市银行 2019 年三季报显示，上市银行中有宁波银行、常熟银行、南京银行、招商银行、上海银行、杭州银行、青农商行、无锡银行 8 家银行拨备覆盖率超过 300%。其中，宁波银行最高，达到 525.49%，最低的无锡银行亦达到 304.5%；7 家银行在规定发布前拨备覆盖率就超过 300%，杭州银行在发布规定后将拨备覆盖率提升到 300%。截至 2021 年年底，上述例证中的征求意见稿并未最终出台，但这个征求行为已经充分说明，会计监管与金融行业监管在会计损失准备上的差异依然存在，并未因预期损失模型的运用而消失。

总之，会计监管鼓励合理分配利润而不是一味留存（也可能与税收有关），不鼓励其"存在隐藏利润倾向"的拨备计提；金融行业监管需要计提拨备作为其风险防范的手段，鼓励商业银行多计提拨备。商业银行会利用双重监管的差异实施机会主义行为，其结果是引起双重监管的不同意见甚至冲突。

第三节　公允价值与审慎过滤器

拨备计提受到金融行业监管的高度关注，与其在风险防范中扮演的角色相关，也与资本监管有关。而本节分析的审慎过滤器，与资本监管更为直接相关。审慎过滤器（prudential filters）和公允价值会计运用是一个问

---

① http://tfs.mof.gov.cn/zhengcefabu/201909/t20190926_3392983.htm.

题的两面，因此本节一并研究。德勤"全球会计新闻网"① 开设了一个"全球金融危机"（global financial crisis）专栏，收集了金融危机中暴露并受到广泛关注的主要会计问题以及国际组织和各国政府应对这些问题的政策或建议，公允价值会计是最受关注的问题。

一、公允价值与审慎过滤器的缘起

以美国为例，在 20 世纪 70 年代以前，主要采用历史成本计量资产②。历史成本计量的弊端在于无法及时对金融资产的市场信息进行汇总和反映，随着金融资产不断增加，在 20 世纪 70 年代已很难适应经济环境，在 20 世纪 80 年代的"储贷危机"中进一步暴露出缺陷和问题。具体体现在，受通货膨胀影响，美国的市场利率逐年走高，造成抵押贷款的市场价格大幅缩水，但由于采用历史成本计量，抵押贷款的损失并未在财务报表中体现，进而使发放贷款的金融机构财务状况持续恶化。之后，SEC 等会计监管机构认识到，历史成本计量下的会计信息无法及时反映金融机构财务状况，于是决定加大公允价值会计的运用。FASB 先后发布相关规则，于 1990 年 3 月发布 SFAS105，于 1991 年 12 月发布 SFAS107，于 1993 年 5 月发布 SFAS115。SFAS115 规定，债务和权益证券投资划分为交易性、可出售和持有到期三类，前两类运用公允价值计量。FASB 于 1997 年 6 月发布 SFAS130，旨在解决"资产和负债的公允价值计量变动绕开损益表而直接计入权益"的问题，推动了公允价值会计进一步发展。

随着 20 世纪 90 年代衍生金融工具的快速发展，历史成本在金融工具计量实务中的地位持续动摇。FASB 于 1998 年 6 月发布 SFAS133，规定所有衍生工具按公允价值计量并将其价值变动计入损益。2006 年 9 月，FASB 发布 SFAS157，重新定义了公允价值的概念，整理了其公认会计原则中分

---

① the #1 website for global accounting news，www. iasplus. com.

② 按照《美国会计史：会计文化的意义》（Previts 等著，杜兴强等译），20 世纪 20 年代之前，存在对资产价值频繁调整的现象，但大萧条使会计人员认识到这种频繁调整的资产价值会迅速消失，结果加强了对历史成本的运用。

散的公允价值计量指南，基本形成了统一的公允价值计量指南和披露框架。可以看出，美国立足证券市场，对金融工具准则的主要改革方向就是确立并加大公允价值会计运用。

公允价值在国际财务报告准则中的应用范围也呈不断扩大趋势。1995年，IASC 发布 IAS32 号《金融工具：披露和列报》，将公允价值的应用范围扩展到金融工具，要求企业披露金融资产和负债的公允价值；1998年，IASC 发布 IAS39，将金融工具的公允价值变动反映在损益或者综合收益中。总之，IASC（包括继任的 IASB）是将以公允价值计量所有金融工具作为最终目标的（陈广垒，2019）。

从会计监管的角度观察，商业银行资产负债表中约 90% 的资产和负债为金融工具，向市场传递何种信息有利于提升透明度、降低信息不对称程度呢？美国 20 世纪 80 年代"储贷危机"使人们警醒，"基于历史成本信息的财务报告未能为金融行业监管部门和投资者发出预警信号，甚至误导了投资者对这些金融机构的判断"（黄世忠，1997）。正是基于这些历史经验，金融工具会计越来越多地采用公允价值计量。

二、审慎过滤器的应用

一方面，金融行业监管机构通过干预会计制度制订，遏制公允价值的全面运用；另一方面，金融行业监管机构通过调整自身监管制度，即实施审慎过滤器，遏制公允价值的运用。审慎过滤器是商业银行在核算资本充足率时，依据资本监管制度界定的资本定义，对财务报告中确认的未实现公允价值利得和损失进行筛选，以确保监管资本质量的一种制度设计。

（一）审慎过滤器的实施

目前可追溯的"审慎过滤器"最先出现于美国，与美国财务会计准则委员会（FASB）于 1995 年 5 月发布的会计准则 SFAS115"某些债务与权益证券投资的会计处理"相关。因会计准则 SFAS115 的发布，公允价值计量存在应用扩大的可能，导致银行财务报告中出现更多未实现利得和损失，而这些未实现利得或损失计入资本将影响资本的稳定性。为此，美国金融行业监管机构在会计准则生效 9 个月后，突然宣布调整监管资本核算制度，将其认为的会计准则中不符合监管资本定义的利得和损失"过滤"出去，以保证监管资本质量。随着国际会计准则 IAS39"金融工具确认与计量"公允价值计量运用（对金融投资）的扩大，巴塞尔委员会（BCBS）也在全球范围推广应用审慎过滤器，旨在将不符合资本定义的未实现公允价值利得和损失剔除在监管资本之外。在 BCBS 发布审慎过滤器公告后不久，欧洲银行监管委员会（CEBC）于 2004 年 12 月 21 日发布了欧盟范围适用的审慎过滤器，促使审慎过滤器应用在全球范围拓展开来。

巴塞尔委员会在 2004 年 6 月至 12 月发布了三份公告，对 IAS39 修订所引发的监管资本问题提出应对建议①：①根据 IAS39，按摊余成本计量金融工具现金流量套期的累计公允价值利得和损失，在套期有效的情况下要计入权益；巴塞尔委员会认为，应将财务报告中确认的这种累计现金流量套期利得和损失从一级和二级资本定义中扣除。②如对负债应用公允价值计量，则银行自身信用变化可能产生利得和损失；巴塞尔委员会认为，这种利得和损失应从一级和二级资本定义中扣除。③巴塞尔委员会确认了可能影响监管资本定义的会计项目，但未要求进行相应的资本调整，这些项目包括：为管理市场风险目的而定义的交易性账户、权益/债务分类、无形资产（包括商誉）、递延所得税资产、养老金费用、股票期权费用等。④巴塞尔委员会进一步确定了一些可能影响监管资本定义的会计项目，如对会计确认的可供出售证券的累计公允价值利得和损失在监管资本核算时不必调整，但不支持将自用和投资性房地产公允价值计量的利得纳入监管资本核算之中。

（二）审慎过滤器的取消

2008 年全球金融危机的深刻教训推动 BCBS 对其资本框架进行系统性改革，引起审慎过滤器调整。Basel Ⅲ（2010 年 12 月发布，2011 年 6 月修订）仍然强调提升资本质量、资本核算的一致性和资本要素的透明度是资

---

① Bank for International Settlements, BIS Press Release, 2004.

本框架改革的核心①，同时强调，不能将资产负债表中确认的未实现利得和未实现损失从核心一级资本中移除。这意味着 BCBS 对其 2004 年发布的审慎过滤器制度做出重大调整，废止了 2004 年所发布制度的核心内容。关于审慎过滤器的应用和取消的具体内容见表 2.1。

表 2.1 2004 年 BCBS 公告（审慎过滤器应用）的规定与

Basel Ⅲ 的规定（审慎过滤器取消）比较表

所涉及的财务报告项目	2004 年公告的规定（审慎过滤器应用）	Basel Ⅲ 的规定（审慎过滤器取消）
在权益中确认的现金流量套期的累计公允价值利得和损失	从一级和二级资本中扣除	从核心一级资本中扣除
对负债应用公允价值计量选择权时因自身信用变动产生的利得和损失	从一级和二级资本中扣除	从核心一级资本中扣除
可供出售金融工具的减值损失	不应用审慎过滤器	不应用审慎过滤器
指定为可供出售贷款的公允价值利得或损失	应从一级和二级资本中扣除	不应用审慎过滤器
可供出售权益证券的公允价值利得或损失	部分计入二级资本是合适的	不应用审慎过滤器
可供出售债务证券的公允价值利得或损失	从一级和二级资本中扣除或者仅计入二级资本	不应用审慎过滤器
自用和投资不动产的公允价值利得	部分计入二级资本，但应谨慎处理	不应用审慎过滤器

从表 2.1 可知，除现金流量套期储备和自身信用变动产生的公允价值计量利得和损失之外，Basel Ⅲ 删除了大部分其他审慎过滤器的内容，最主要的是将先前针对"可供出售金融资产"公允价值利得或损失的审慎过滤器取消，使这类资产的未实现利得和损失直接影响监管资本充足水平，拆除了监管资本与财务报告之间的最主要"隔板"。

导致金融行业监管机构主动取消"审慎过滤器"的原因，除了所谓提

---

① BCBS. Basel Ⅲ：A global reguatory framework for more resilient banks and banking systems，Para. 1–52，December 2010（rev June 2011）.

高相关资本充足率数据的可比性和透明度外，更重要和关键的是审慎过滤器的负面效应在金融危机期间充分暴露。一是审慎过滤器将监管资本与财务报告隔断，导致监管资本对商业银行投资行为的约束功能减弱。二是"审慎过滤器"为商业银行掩饰监管资本恶化问题提供通道：如果审慎过滤器运用将"有毒资产"市值下跌的部分影响阻隔在监管资本之外，在此情况下，商业银行便通过处置优质资产并确认累计利得的方式维持监管资本充足水平。

（三）我国的审慎过滤器

我国商业银行资本监管制度主要有原中国银监会2004年发布的《商业银行资本充足率管理办法》（2006年修正）和2012年发布的《商业银行资本管理办法（试行）》。这些制度均将财务报告数据作为商业银行资本核算的基础。2007年，为应对《企业会计准则》拓展公允价值会计在金融工具领域应用所带来的资本监管挑战，原中国银监会发布了《中国银监会关于银行业金融机构执行〈企业会计准则〉后计算资本充足率有关问题的通知》，该通知即为我国的审慎过滤器制度。我国的审慎过滤器与2004年BCBS的审慎过滤器相比，对财务报告项目调整的范围更广、程度更大①，且我国多为非对称性调整②。

2008年全球金融危机后，BCBS对全球资本框架进行改革，我国审慎过滤器制度也进行了调整。2012年原中国银监会发布了与国际新监管标准接轨、符合我国银行业实际的资本监管制度——《商业银行资本管理办法（试行）》，并要求新办法于2013年1月1日开始实施。在新办法中，2007年审慎过滤器制度的主要内容被删除，仅"现金流量套期"和"使用公允价值选择权的银行自己发行的金融负债"两项金融工具仍应用审慎过滤器。这一调整使我国的审慎过滤器制度与BCBS实现趋同。

需要说明的是，审慎过滤器作为一项重要制度，在我国并未引起应有

---

① 例如，我国要求对交易性金融资产的公允价值变动应用审慎过滤器。
② 即只过滤未实现的收益，不将未实现收益纳入资本、不作为资本调增项；而不过滤未实现的损失，未实现损失纳入资本、作为资本调减项。

关注，除监管机构少量工作报告外，少有学术论文对此加以研究。或许因为我国采用公允价值计量的金融资产比重较小、影响较小，缺乏研究该问题的现实压力。这也再一次体现出我国缺乏商业银行会计问题研究的现实土壤。但是，需要重视的是，审慎过滤器制度取消之后，金融行业监管原先担心的资本质量问题是不是继续存在？如果存在，对于相关问题的持续研究是必要且有意义的。

第四节　双重监管差异的原因及具体体现

一、理论基础的差异

双重监管在监管机构主体、监管制度和机制、监管方式等方面存在诸多明显差异。有学者试图从其理论基础的角度总结差异，揭示造成双重监管差异的原因。于永生（2017）认为，双重监管在理论基础上存在差异，金融行业监管缘起于凯恩斯的国家干预主义理论，证券市场监管（会计监管）基于亚当·斯密的自由市场经济理论。

考察金融行业监管制度发展变迁情况，发现其与经济/金融危机的发生有密切关联。在大危机之前，亚当·斯密的自由市场经济理论占据主流，该理论认为市场本身能够实现资源的自我优化配置，能够自行解决市场运行过程中产生的各类问题，政府不应过多干预市场。但在 1929—1933 年，西方世界陷入了一场有史以来最严重的经济大危机，自由市场经济理论遭遇信任危机。自由市场理论以完美市场环境为前提条件，而现实市场环境存在许多缺陷，信息不对称等问题普遍存在，阻碍市场调节作用的充分发挥，使市场失灵事件频繁发生。因此自由市场理论受到质疑，例如庇古 1938 年在他经典的监管著作中指出，当市场不完善时，亚当·斯密认为的"看不见的手"并不起作用，市场失灵会在一定程度上影响市场的正常运作，政府需要扮演潜在的、具有建设性意义的角色来保证社会福利。经济/金融危机使凯恩斯的国家干预主义理论受到重视。国家干预主义主要是指反对自由市场经济理论，由国家对社会经济活动进行干预和控制并直接从事大量经济活动的经济理论。国家干预主义在金融领域的具体表现是，在1933年后以美国为代表的西方国家陆续颁布监管法规，构建金融安全网和金融监管框架。

会计监管的理论假设是，随着会计监管质量的不断提高，市场的信息条件会逐渐改善，信息不对称问题会逐渐解决，市场的自由调节功能会逐渐完善，发生市场失灵的概率会逐渐降低。因此，会计监管（证券市场监管）一直致力于缓解市场中存在的信息不对称问题，致力于推动市场透明度建设，为市场自身的资源配置优化提供支持，甚至鼓励市场出清、淘汰问题企业，促进市场调节功能的有效发挥。而金融行业监管的理论假设是，市场失灵无时不在，需要外界力量介入，通过国家干预以解决市场自身无法应对的问题。基于银行不断提高杠杆率、增加风险承担的动机，金融行业监管对商业银行经营活动进行管控，必须对银行资本最低持有量进行有效限制，提高银行应对市场冲击的能力，确保商业银行的平稳运行，保护储户和纳税人的利益免受侵害，降低金融行业系统性风险。理论基础是监管机构赖以实施监管行动的逻辑起点，理论基础的差异会导致双重监管主体多方面的差异。

二、目标定位的差异

追溯监管机构诞生或组建的历史可知，金融行业监管机构的主要目标是维护金融稳定。美国组建联邦储备系统（中央银行）的主旨是应对1907年经济危机及随后的经济衰退，颁布的《1913年联邦储备法》将"维护金融系统稳定与安全"作为美国联邦储备系统主要职能之一；英国中央银行（英格兰银行）虽然最初并非为防范危机而设立，但从19世纪开始将工作重心转向维护金融稳定、预防危机发生（Allen et al., 2001）；巴塞尔协议将"加强银行系统稳定与安全"作为其始终如一的主要目标。相比而言，商业银行会计监管目标未脱离通用财务报告的目标框架①，以保护投资者作为主要目标。早在 20 世纪 10 年代，美国会计协会主席 Joplin 便强调②，"坚持既不低估也不高估资产这条原则……会计报告不应该误导投资者"。

制度是制定主体目标意图的体现，双重监管目标差异直接体现在双重监管制度中。例如，《中华人民共和国银行业监督管理法》第一条："为了加强对银行业的监督管理，规范监督管理行为，防范和化解银行业风险，保护存款人和其他客户的合法权益，促进银行业健康发展，制定本法。"将防范和化解银行业风险放在首要位置。而美国 1933 年的《证券法》、1934 年的《证券交易法》等系列法规聚焦投资者保护问题，其认为证券投资者相比发行企业处于信息劣势，并力图减少和解决这种信息不对称所引发的各种问题。《中华人民共和国证券法》③ 第一条，"为了规范证券发行和交易行为，保护投资者的合法权益，维护社会经济秩序和社会公共利益，促进社会主义市场经济的发展，制定本法"亦将保护投资者放在首要位置。Herring 等学者（2000）梳理了双重监管制度，其中，从信息披露、合规交易、中小投资者保护和投资规则等方面，梳理 7 项会计监管主要制度，从行业立法、资本监管、业务合规、利率管制和经营资格等方面，梳理 16 项金融行业监管主要制度，总结双重监管目标差异（见表 2.2）：会计监管的 7 项具体规定中，所有规定的目标都含有"保护投资者"，有 6 项规定的目标含有"提高效率"；金融行业监管的 16 项具体规定中，有 8 项规定的目标含有"防范系统性风险"，有 10 项规定的目标含有"其他社会目标"，仅 4 项规定的目标含有"提高效率"，虽然有 9 项规定的目标含有"保护投资者"，但这里的投资者主要指存款人（债权投资者）群体。

---

① 随着资本市场的发展，企业股权的分散化程度越来越高，目前被人们广为接受的"决策有用观"强调会计信息应该对投资者决策有用。

② 普雷维茨，等. 美国会计史：文化的意义［M］. 杜兴强，等译. 北京：中国人民大学出版社，2007：239.

③ 当然，我国对会计也进行了立法，基于与《中华人民共和国证券法》平行的法律，此处不做进一步阐述。

表 2.2 双重监管目标差异

监管措施	监管目标			
	防范系统性风险	保护投资者	提高效率	其他社会目标
A. 金融行业监管①				
反垄断法规		√	√	√
资产限制法规	√			√
资本充足标准	√			√
业务操守规则		√		
利益冲突规则		√	√	
客户评估		√		
存款保险	√	√		
适合度测试	√	√	√	
存款利率上限	√			√
贷款利率上限		√		√
投资规定				√
流动性规定	√	√		
大额交易报告制度				√
储备要求	√	√		
地域限制				√
服务和产品限制	√			√
B. 会计监管②				
信息披露规则		√	√	
注册要求		√	√	
禁止操纵规则		√	√	
禁止内部交易规则		√	√	
接管规则		√	√	

---

① 作者原文为"银行监管",本书将其视同为"金融行业监管"。
② 作者原文为"证券市场监管",本书将其视同为"会计监管"。

表2.2(续)

监管措施	监管目标			
	防范系统性风险	保护投资者	提高效率	其他社会目标
保护小股东规则		√		
投资管理规则		√	√	

资料来源：HERRING R，SANTOMERO A. What is Optimal Financial Regulation? The New Financial Architecture，Banking Regulation in the 21st Century［M］. Connecticut：Quorus Books，2000：51-84.

　　监管机构的立场定位和监管目标互为因果、相互影响。下文进一步考察双重监管在监管立场定位上存在的差异。金融行业监管将自身视为"利益相关者"，会计监管将自身视为"中立者"。金融行业监管机构越来越明显地将自己看作经济正常运行的维护者或保护者（Spatt，2009）。FDIC（联邦存款保险公司）被视为金融行业（银行业）监管机构的代表，美国国会将其定位为：专注于银行系统，在银行系统问题出现时，FDIC 出于维护经济正常运行的考虑，必须要动用各种可能的公共资源加以解决。相比而言，会计监管强调透明披露和中立，财务信息就是正确反映企业经济事实的信息，能够帮助所有使用者正确了解企业的财务状况和经营业绩，对所有使用者具有相同的用途（葛家澍，2001），会计准则试图从经济后果中超脱出来，仅担当"信使"角色。以会计监管机构 SEC 为例，美国国会将其定位为：制定规则、监督规则实施、惩治违规者，它是证券市场上的裁判员，在立场上不偏袒任何一家企业，是"中立者"。

　　双重监管在目标、立场方面的差异，进一步体现在监管理念演变发展过程之中。金融行业监管制度调整的方向和力度直接受到市场境况的影响，具有明显的宏观调控性，会计监管一直试图以更快速、更直接地反映银行经营状况的市场价值信息为方向[①]。纵观美国金融行业监管制度的历

---

　　① 当然事实并非完全如此，会计制度制定受金融行业监管干预，无法完全按照会计监管理念演变，第七章将进一步分析。

史演进历程可以发现，完全依靠市场机制的自发作用来实现监管目标的做法是行不通的，而试图以政府力量完全替代市场纪律同样会事与愿违，最优的监管设计是两者有机结合（臧慧萍，2007）。现实中人们为寻求市场调节与政府监管的最佳结合点而不懈努力，在市场力量放纵过度时严格监管，在监管过度束缚市场时放松监管①。从20世纪30年代到2008年全球金融危机以后的金融行业监管制度发展情况来看，金融行业监管制度调整的方向和力度直接受到市场境况的影响，时而严格、时而放松。一种可信的解释是，因为要对商业银行的风险和结果承担完全兜底责任，所以金融行业监管会实施宽容政策，尤其是在商业银行面临危机的情况下。例如，2008年全球金融危机期间，在欧盟金融行业监管机构的游说压力下，IASB于2008年10月13日发布对IAS39的修订公告，允许商业银行将先前归类为"交易性"证券的投资重分类为"持有至到期"证券，使其可以将市场价值大幅下跌并按公允价值计量的交易账户资产改为按摊余成本计量，从而避免确认大额减值损失，以便商业银行度过危机（于永生，2019）。相比之下，会计监管只承担部分责任（比如因审计报告信息质量被投资者起诉的责任），因此，会计监管规则的发展一直以更快速、更直接地反映银行经营状况的市场价值信息为方向，未因市场状况变化而进行方向性调整。

另一个可以观察到的差异存在于双重监管的监管权力方面，这也是双重监管目标、立场差异的具体体现。双重监管主体资源配置的权限存在差异。配置权限分为初始配置权和后续配置权，典型的初始配置权主要为经营牌照的发放，经营牌照往往是稀缺的，具有经济价值。银行经营牌照通常由金融行业监管机构发放，所以金融行业监管具有较强的资源初始配置权；而会计监管不一定具有初始配置权②。典型的后续资源配置权包括吊销经营牌、实施救助等，吊销经营牌照与发放牌照类似，以金融行业监管

---

① 如20世纪30年代以来的严格监管时代与20世纪70年代以来的金融自由化时代。
② 比如企业公开上市，证券发行审批机构如果实行审批制则具有配置权，实行注册制则无配置权（很多国家均实行注册制）；审计机构也是在企业成立后才参与监管的，并不具备初始配置权。

为主，实施救助亦主要由金融行业监管负责，比如包商银行、锦州银行都需要金融行业监管实施救助，目前包商银行仍在银保监会接管中，锦州银行仍在接受金融行业监管与国有银行的救助。监管中的资源配置权力进一步影响了监管权威性。一方面，体现在监管主体之间的关系上：金融行业监管更加强势，比如，金融行业监管可以干预会计准则的制订，而会计监管既无动机也无能力干预金融行业监管规则的制订。另一方面，体现在监管主体对商业银行的影响力度上：金融行业监管是先天的、天然的，金融行业监管对商业银行的管理更直接、更严格，而会计监管可能是协商式的，往往体现为契约关系，比如企业可以选择上市也可以选择不上市，可以选择甲会计师也可以选择乙会计师。

三、差异的总结

将上文分析的差异通过列表体现出来。如表 2.3 所示。

表 2.3　双重监管差异

	金融行业监管	会计监管
理论基础	国家干预主义	自由市场经济理论
目标	风险防范	保护投资者/提高效率
立场定位	维护经济运行/裁判员和监护人	透明中立/"信使"角色
监管理念演变	严厉与宽容并存/摇摆	更具一惯性
资源配置权力	较大	较小或没有
监管权威性	强势监管	协商式监管

通过对双重监管拨备计提、公允价值运用方面的具体分析，以及对双重监管目标、定位等方面的差异根源梳理发现，双重监管对待风险的态度存在明显区别。金融行业监管的一切监管导向均以风险防范为主要责任，其具有保护商业银行个体风险的义务和责任，希望通过促进个体商业银行稳定运营、控制个体商业银行风险以达到防范系统性风险的目的，并通过资本管理和拨备计提监管来构筑两道风险防线。在资本监管方面，只要能

防范风险，无论是否属于银行的所有者权益都纳入资本，如次级债；若无法防范风险，即便是银行的资产也不作为资本，如商誉、未纳入合并报表的部分投资等会计项目。例如，某些项目即便在会计上已经作为损益确认，但因为数据上的波动可能对资本稳定性产生影响，仍然要从资本里面剔除。又如，贷款损失准备金仅作为资本管理规定中的主要附属资本，也是基于风险的实质判断。在拨备计提监管方面，出于风险防范目标，金融行业监管注重资源留存，鼓励银行加大计提力度，同时，限制银行将当期赚取利润全部用于分配。总之，金融行业监管规则要求留存资本用于防范非预期损失带来的风险，计提贷款损失准备用于防范预期损失带来的风险。

会计监管更关心商业银行是否将风险相关信息及时向市场"反映"，注重商业银行提供的对决策有用的信息，以更快速、更直接地反映银行经营状况的市场价值信息为方向，并通过维护信息质量来达到"保护投资者"的目标。所以，会计监管在拨备问题上，很长时间内运用已发生损失模型计量，强调会计信息的可靠性特征。在公允价值问题上，鼓励大力运用公允价值计量，认为其体现了会计信息的及时性。但因金融行业监管认为公允价值计量的波动性、顺周期性会加剧风险，导致金融行业监管和会计监管在公允价值会计运用上长期拉锯，无法按照会计监管希望的力度运用公允价值计量。风险理念的差异导致准则的制定受到金融行业和金融行业监管的影响和干预。

从监管主体差异视角来看，双重监管共同作用于商业银行可能导致监管之间的冲突。从被监管主体机会主义视角来看，商业银行有动机利用这些差异追求自身利益最大化。这些因素共同构成了商业银行会计问题的复杂性。下一章将做进一步分析。

商业银行会计行为篇

第三章　双重监管下的商业银行会计行为理论

商业银行会计行为是商业银行会计问题的主要研究内容，而会计选择是会计行为的一个重要方面。本章聚焦于商业银行的会计选择行为，通过对文献的梳理提炼，对现象和会计补血的观察，着重分析双重监管下的商业银行如何进行会计选择，以及这些会计行为的经济后果，并试图构建商业银行会计行为及其经济后果传导机制的一个初步框架。

第一节　概论

20世纪中叶以前，人们基于有效市场假说或信息竞争的视角，假设如果会计信息不能提供增量信息或者如果人们能够有效识别这些信息，则会计选择（运用什么会计方法）并不重要。但是一些可观察到的现象显示，企业存在会计选择行为，例如，同类型的公司在先进先出法和后进先出法之间做出了不同的选择。这种现象使研究人员开始重视会计选择的问题。研究人员观测到会计选择真实存在，并聚焦于解释管理层实施会计选择的动机，总结实施会计选择的方式，以及检验会计选择的经济后果等，这构成了实证会计的主要内容。

本书对"会计选择"做出一个广义界定：会计选择是管理层做出的与会计相关的决定和行为，会计选择包括贯穿于会计确认、计量与报告各个环节的会计政策、会计方法以及信息披露水平等方面的选择，也包括主要为了影响会计数字而做出的真实经营决策等，其目的是通过选择影响会计系统的输出方式，取得能够满足管理层意图的会计结果。

Watts 和 Zimmerman（1986）以及 Holthausen 和 Leftwich（1983）围绕影响管理层选择的三种市场缺陷，将会计选择的目标总结为三类：契约、资产定价和其他外部方。也有很多研究将会计选择的动机总结为：债务契约、薪酬计划和政治动机三类。现对前一种分类方式具体描述如下：

会计选择的第一类动机是实现契约目标。该类动机主要是代理成本的存在和完美市场的缺失导致的。契约理论将企业视为一系列契约的联结（Jensen et al.，1976），利益相关者通过各组契约向企业投入资源，并期望从投入中得到回报。契约安排包括管理报酬计划、分红计划、业绩计划以及债务契约等一系列契约，其主要功能是通过更好地调整各方的动机来减轻代理成本。企业契约的最大难题在于正确估量各个资源投入所产出的边际贡献，契约的有效履行要根据一些信息。所以，企业组织的优势不在于拥有产出能力高的资源组合，而在于获得资源组合最有效率的恰当信息。代理理论认为，管理层作为经济资源的具体营运人，具有其他合同主体无法获得的信息优势，这种信息不对称会产生委托代理问题。而会计信息可为缓解利益相关方信息不对称、解决委托代理问题提供一种机制，比如缓解所有者（其他信息使用者）和经营者之间目标不一致与激励不相容导致的委托代理问题。可以理解为，在大多数情况下，管理层为了实现一个或多个契约目标，会选择不同的会计方法；而会计选择又影响公司的一个或多个契约安排。

会计选择的第二类动机是试图影响资产价格。这一类别的会计选择是信息不对称导致的，主要试图解决当市场不能完美地汇总个人持有的信息时所出现的问题。例如，由于内幕交易法、卖空限制、风险规避或交易合同等限制，外部人士无法准确判断公司的情形，不能正确评估股票等资产的价值。此时，会计选择可以提供一种机制，通过这种机制，消息灵通的内部人士可以向消息不灵通的外部人士传递有关未来现金流的时间、规模和风险的信息，进而吸引潜在投资者。

会计选择的第三类动机是影响公司其他外部方。其他外部方主要指股东和潜在投资者以外的主体，包括政府监管机构（如公用事业委员会、联邦贸易委员会、司法部）、供应商、竞争对手和工会谈判代表等。管理层希望通过会计数字来反映企业的问题，进而影响其他外部方的决策。Fields等（2001）将商业银行面临金融行业监管时所做出的资本调整等会计选择也划归这一类。总结出来的主要内容包括：金融行业监管规则带来监管成本，管理层试图通过调整贷款损失准备、贷款冲销和证券损益来规避这些成本。

会计选择是基于"管理层自利目的（机会主义）"还是"公司利益最大化目的"这个问题，迄今为止仍然难以很好地回答和识别。一种观点认为会计选择是管理层自利行为。例如，认为管理层可能会投机取巧，通过夸大收益来增加薪酬。另一种观点认为会计选择是为了公司利益最大化。例如，认为与公司所有者利益一致的管理层，可能会通过会计选择向投资者传达私人信息以影响资产价格（股票价格）：Levitt（1998）认为管理层做出会计选择是为了满足分析师的收益预测，并避免因为满足分析师预测而带来的负面股价反应。然而，即便是有利于股价的会计选择，也被认为可能是管理层的自利行为，因为更高的股票价格有助于他们的薪酬或声誉的提升。在实践中，契约制定方很难根据会计选择的结果，去推测管理层会计选择的动机是基于自利还是公司利益最大化。会计选择是双刃剑，其经济后果可能是不利的，也可能是有利的。从有效契约角度来看，并不能保证其他会计方法是完美的替代品（Watts et al., 1986）；从结果来看，管理层原本基于自身利益的选择有可能使公司效率提高。所以，很难根据结果去预测会计选择动机，缔约方也很难在签订合同初期完全限制会计选择。这种复杂性导致了会计选择是不可避免的，或者说消除会计选择是不可能的、不可行的。接近现实的是会计选择具有多重目标，这些目标有时是一致的，有时是相互冲突的，会计选择可能是解决代理问题的一种方案。而在赋予管理层会计选择灵活度方面，缔约主体面临效率与机会主义的权衡。

管理层机会主义的观点为会计监管提供了依据。机会主义是人们为实现目标而寻求自我利益的深层次条件，作为利己主义者的管理层也会实施机会主义行为。会计选择将不可避免地成为管理层最大化其自身效用的一种手段，而影响委托人对代理人受托责任履行情况的判断。不受约束的会计选择可能会增加财务报表使用者的成本，因为编制者有动机传递对其有利的信息。因此，机会主义的观点认为，需要对会计选择实施监管，并且赋予了会计监管两层含义。第一层含义是，监管主体需要为会计行为制定统一的标准，确保能披露相对一致的信息。例如，将会计准则作为系列契约中的一个重要制度安排，需要就会计处理程序与方法进行规范，明确会计确认、计量、记录和报告活动的规则。第二层含义是，监管主体要确保准则被有效执行，需要对财务报告开展审计。一方面，由于制度的不完备性，会计准则不可能做出完全、详尽的规定，在客观上赋予了商业银行会计自由裁量权①；另一方面，管理层可能存在主观故意，未按照统一要求报告会计信息，导致信息失真。因此，会计监管需要对财务报告实施审计，限制会计选择，缓解代理问题。

讨论商业银行的会计选择，离不开商业银行的经营环境。商业银行经营金融资产，相比实物资产，金融资产不具有物理属性，是一种信用工具或者权责合约。商业银行贷款等合约的不透明性，导致商业银行的信息不对称现象比非金融行业企业更普遍。因为债权债务，商业银行的委托代理问题也更加复杂。蒋海等（2010）将商业银行的委托代理总结为多重代理关系：第一是银行股东与经营者之间的委托代理；第二是存款人和其他债

---

① "会计自由裁量权"一词系舶来品，英文为"accounting discretion"，在西方研究文献中使用频繁；国内文献最早于2009年出现"会计自由裁量权"一词，郭峰等（2016）亦使用了该词，黄世忠（2009）使用了"自由裁量权"一词，张瑞稳等（2016）使用"自主权行为"（discretion behavior）表述。牛津词典将"discretion"解释为"freedom to decide for oneself what should to done"，中文翻译为"自行决断的自由"或"自由裁量权"。百度百科强调该词主要用于行政领域。本书认为，会计自由裁量权是一种权力或权力集，是一组会计选择集。商业银行会计自由裁量权既包括会计政策和会计估计等狭义上的会计选择，也包括与会计相关的管理行为等。

权人与银行之间的代理关系；第三是政府特许经营下监管当局与银行之间的代理关系；第四是社会公众（存款人和其他利益相关者）与监管当局之间的代理关系。同时，对商业银行的研究还需考虑双重监管。如前所述，影响监管决策或者在监管下实施会计行为是会计选择三类动机中的一类。商业银行在双重监管存在差异的前提下，将会计自由裁量权运用在会计确认、计量和报告等环节，实施机会主义的会计政策选择和会计估计行为。总而言之，商业银行的会计选择行为较非金融行业企业更加复杂。

第二节　商业银行的会计选择

一、商业银行的优序选择

考虑到商业银行面临监管这个因素，商业银行的行为是有经济成本的。这种成本体现在两个方面：一是违背监管，商业银行会受到惩罚；二是迎合监管，商业银行会获得好处。若上市商业银行违背会计监管标准，如虚假陈述会计信息会被证监会或者证券交易所处罚，盈利能力达不到要求会被证券交易所要求退市；若商业银行违背金融行业监管标准，如资本充足率无法达到最低资本要求，可能会被要求停业，甚至被吊销银行牌照。若上市商业银行信息披露的质量高，能较好地满足监管要求，可能会引起较好的市场反应，形成较好的股价表现，进而带来各方面的好处，例如在再融资方面获得绿色通道[①]；若金融行业监管指标各项数据都比较好，会得到金融行业监管的政策倾斜，如增发资质牌照，允许增加信贷投放，等等。

对于商业银行而言，最为理想的状态是能够完全满足双重监管，从双重监管方均获益。当外部经济环境较好，商业银行面临的外部约束足够

---

① 如我国证监会曾发出通知，明确连续两年获得信息披露 A 级评价的公司在再融资时可以优先安排审核。

小，商业银行各项指标良好时，其有足够的条件同时迎合并遵守双重监管，理论上可以从双重监管主体处同时获益。而商业银行最糟糕的状态是陷入经营危机中，对于双重监管均无法满足，同时违背双重监管，并受到相应惩罚。

更为接近现实的情况是，要么受客观原因限制，要么由主观原因所致，商业银行往往难以同时满足双重监管要求。一是监管理念差异导致商业银行难以同时满足双重监管。如第二章所讨论，在贷款损失准备计提问题上，金融行业监管鼓励多计提，会计监管要求合理计提；在公允价值的运用上，大力运用符合会计监管导向，但是不符合金融行业监管导向。二是监管指标之间此消彼长，使得商业银行存在顾此失彼、难于兼顾的情况。比如，商业银行通过加大信贷投放获取更多利润，满足会计监管需求，但同时会导致风险资产增多、资本充足率降低，难以满足金融行业监管的要求。三是特定情况导致商业银行难以满足监管条件。比如在经济下行期，商业银行贷款风险会增加，若按照金融行业监管要求，计提足够的贷款损失以防范风险，会影响利润，即达到金融行业监管要求以牺牲会计监管为代价。

当商业银行无法同时兼顾双重监管时，优先考虑金融行业监管还是会计监管？我们倾向于，商业银行通过会计选择优先考虑迎合金融行业监管。原因包括以下两个方面：从结果来看，商业银行迎合金融行业监管获得的收益更高，而违背金融行业监管受到的处罚更严重。如前所述，金融行业监管具有更大的资源配置权，包括发放牌照、吊销牌照，以及实施救助的权力，其实施处罚的金额更高、力度更大，吊销牌照后造成商业银行的损失更大。金融行业监管是强制性监管，在很多国家都是天然的、直接的监管，金融行业监管可以不留任何探讨空间，要求商业银行强制执行；

而会计监管既有要求商业银行强制执行的情况，也有协商式监管的情况①。通常情况下，违背金融行业监管的成本大于违背会计监管的成本，迎合金融行业监管获取的收益也大于会计监管的收益。从过程来看，金融行业监管的监管手段更多，更能够全面地实施监管。一是金融行业监管获取商业银行信息的渠道和手段更多。金融行业监管要求银行每月通过专门通道报送信息，比会计监管要求的报送频率更高；金融行业监管要求报送的指标除财务指标外，还包括监管指标，如资本构成信息等，金融行业监管指标更多、信息更全；金融行业监管对个体银行的情况更为了解。二是会计监管更容易出现搭监管便车的情形。金融行业监管更了解整个市场的经济状况，能够较早察觉危机，具有行业信息优势；金融行业监管兜底（包括承担最终的救助责任），导致会计监管的动力不足；对商业银行监管的专业性要求较高，会计监管人员需要花时间弄清商业银行专业知识，其中很多知识超出了传统会计的范畴。三是金融行业监管的监管指标更加聚焦。虽然金融行业监管的风险防范目标较为宽泛，但其最主要的抓手和最主要的数据指标是资本充足率，比会计报表的信息更加聚焦。

结合现实观察和已有总结，会计信息是商业银行与双重监管之间的重要交集，商业银行有足够的动机，通过会计行为实施迎合监管要求的优序选择。

二、盈余管理与资本管理

巴塞尔委员会工作组（2015）②引用了Jones的总结，商业银行管理层粉饰业绩存在三类动机：一是通过提高银行利润，获取更多个人收益；二是通过平滑银行收益，给人留下银行业绩稳步增长、运转良好的印象；三

---

① 会计监管主要有会计准则制定机构、证监会（证券交易所）和审计机构，在实行审核制的国家，证监会或交易所在证券发行上市方面具有审批权力，但是在实行注册制的国家，其主要是提供交易场所，其监管形式与审计机构一样均可视为协商式监管，监管主体与商业银行之间是一种协商关系。

② 见巴塞尔委员会工作组在2015年发布的工作论文，网址：www. bis. org/bcbs/publ/wp31. htm。

是通过调整银行相关会计数据，满足资本充足率的监管要求，降低被监管风险。这个总结体现了商业银行会计选择既有盈余管理动机，也有资本管理动机的现状。

在金融行业监管的资本监管规则明确出台以前，商业银行和非金融行业企业一样，可能更注重对利润的管理，要么虚增利润，要么隐藏利润以平滑业绩。很多研究发现了商业银行实施盈余管理的证据（Beatty et al.，1995；Collins et al.，1995；Barth et al.，1990）。Beatty 等（1995）和 Collins 等（1995）发现了商业银行通过证券损益确认实施盈余管理（平滑）的证据。对利润的管理也可能是基于税收的考虑，如第二章所述，当税收存在优惠时，商业银行普遍有动力加大拨备计提力度（过度计提）。

有了资本监管制度之后，会计选择动机既可能是为了调节盈余，也可能是为了增加资本（操纵资本）。在实施 Basel I 前，计提的贷款损失准备可计入核心资本（Collins et al.，1995；Beatty et al.，1995），商业银行的资本管理动机体现在资本不足的银行积极增加贷款损失准备计提。以实施资本监管制度前后作为窗口期，进一步识别商业银行的资本管理动机发现，贷款损失准备计提行为会随着监管制度改变：低资本的银行在实施 Basel I 之后，减少贷款损失准备计提，以避免违反新金融行业监管制度下的最低资本规定（Kim et al.，1998）；监管资本与贷款损失准备会计自由裁量计提之间的负相关关系在巴塞尔协议后显著增强（Ahmed et al.，1999）。

一些研究试图区分会计选择动机究竟是盈余管理，还是资本管理。比如，Beatty 等（1995）通过创新研究方法，建立联立方程组进行区分识别，其假设银行管理层每年都面临一个成本最小化问题，包括偏离基本资本、税收和盈利目标的成本，以及在贷款损失应计项目、资产出售等交易和证券问题上行使自由裁量权的成本，通过求解方程判断其会计选择的目标动机。

事实上两种管理目标并不是"非此即彼"的。在研究中很难区分商业银行究竟是为了盈余管理还是为了资本管理，因为只检验盈余管理或者只检验资本管理，往往需要假设另一个管理目标是不变的，这与现实明显不相符。商业银行的会计选择中，部分行为会导致盈余管理和资本管理的方向相同，如增加利润会导致下一年的资本增加；部分行为会导致盈余管理和资本管理的方向相反，例如增加拨备的计提会导致利润减少，进而减少核心资本，但是有可能增加二级资本。从实证检验结果来看，资本管理和盈余管理是形影相随的。在实证研究兴起并被引入银行会计研究的 20 世纪 90 年代，资本管理制度已经实施，所以这两种动机的实证研究从一开始便交叠存在①。

随着实证研究的发展，商业银行管理动机的复杂性和有趣性在一些研究中得到体现。比如 Barth（2017）检验了商业银行利用可售证券收益进行盈余管理和资本管理的行为，研究发现：一是盈利的银行盈余平稳，亏损的银行损失惨重，即存在"洗大澡"行为；二是监管资本约束了"洗大澡"行为；三是亏损银行和季度初未实现亏损（收益）较多的银行更可能"洗大澡"（收益平滑）；四是监管资本低、未实现收益较多的银行通过证券实现的收益增多，而如果未实现收益不足以抵消亏损，那么这类银行仍会"洗大澡"。

站在监管和监管效率的角度看，主要关心商业银行面临这些约束的时候会实施什么行为或者发生什么问题。包括银行的拨备计提是否及时、充分，拨备计提是否具有周期性，盈余与资本管理激励是否会影响拨备计提，银行的资本比率是否根据它们受市场纪律约束的程度不同而有所不同，银行对不易于观察市场价格的资产如何计量等问题。

三、会计选择的方式

结合商业银行面临金融行业监管的特殊性，针对商业银行行为的研究大多考虑了其对于金融行业监管的迎合动机。会计选择的手段可以总结为

---

① 对于研究人员做研究设计、监管人员看待商业银行合规性，以及分析师分析市场而言，需要注意的是，"盈余管理/资本管理"并不与"会计监管/金融行业监管"一一对应。可以说，资本管理是金融行业监管的专门要求，而盈余管理并不是会计监管特有的。

两类：一类是在会计确认或计量环节，通过对会计数据的调节，实施盈余管理或资本管理；另一类是为应对金融行业监管规则或会计监管规则实施适应性行为，包括投资行为、资产处置行为等，而这种适应性行为往往是以牺牲银行稳健性为代价的。无论是文献总结还是现实观察，商业银行会计选择都可在多个环节、采取多种手段实施。

会计选择的手段与商业银行的特征相关，最主要的手段是对最大应计项目贷款损失准备计提，针对该问题的研究也最多（Dye，1988；Barth et al.，1999；Beatty et al.，2011；Bushman et al.，2013；Pain，2003；Bikker et al.，2004）。贷款损失准备会计选择最直接的体现为过多计提或过少计提。为满足资本要求，商业银行更倾向于少计提贷款损失准备，以便增加留存收益，进而增加核心资本。但在没有核心资本压力的情况下，商业银行可能会面临更多的取舍，如可以多计提贷款损失准备，以达到平滑利润的效果，或者在没有资本压力的前提下多计提贷款损失准备（Beatty et al.，1995）。计提方式的变迁，也是随着巴塞尔协议的演变而变化的。当前，贷款损失准备计提对资本形成双向影响，具体而言：商业银行计提贷款损失准备导致利润减少，进而导致核心资本减少；而计提超过一般准备的部分可纳入普通资本，进而导致普通资本增加。关于贷款损失准备会计选择的研究成果最为丰硕，贷款损失准备计提对资本的双向影响也导致研究较为复杂。贷款损失准备计提会计选择更隐蔽的运用包括：通过延迟确认不良贷款或者调节核销力度来进行调节操纵（Collins et al.，1995；Bushmen et al.，2012）。延迟确认不良贷款，需要计提的贷款损失准备会减少，这在经济下行期往往更容易出现，因为贷款损失准备计提减少会导致当期利润增加。调节核销额度会影响贷款损失准备，如果当年对不良贷款进行核销，核销需要消耗贷款损失准备，导致需要计提的贷款损失准备增加；反之，若要减少贷款损失准备的计提，就需要减少核销力度[①]。

公允价值会计是会计监管和金融行业监管争议的焦点之一。商业银行

---

① 但是，核销力度变小会导致存量不良贷款和不良贷款率指标较高。

因为公允价值会计在双重监管之间的差异，会运用会计选择实施"适应性行为"（Beatty et al.，2005；Bouther et al.，2017；Argimón et al.，2017）。一是利用公允价值的不透明性虚增资产（Huizinga et al.，2012），通过虚增资产缓解资本压力。Bouther 和 Francis（2017）发现，资本充足率与公允价值第三层次金融资产之间呈负相关，即资本充足率低的银行，可能利用公允价值第三层次计量方法的灵活性虚增资产[①]。二是为了避免公允价值波动对资本的影响，减少对交易性金融资产的配置（Beatty et al.，2005；梁浩 等，2020)[②]。三是通过出售金融资产实现利得，以增加商业银行的资本（Barth，2017；汪洁，2014）。商业银行会计选择中运用证券销售手段的证据包括：Moyer 等（1990）以美国银行为研究对象，发现其 1981—1983 年存在通过证券损益来提高资本充足率的行为；Shrieves 等（2003）研究发现，日本银行在 1989—1996 年经济衰退期间运用证券销售实施会计选择。四是利用监管宽容，寻求生存空间。金融危机期间，金融资产重分类限制放松导致 1/3 的欧盟商业银行实施了重分类处理（Fiechter，2011）。

商业银行运用会计选择的手段还包括退休福利会计政策的运用。Ramesh 等（2000）研究了在两个会计制度的共同影响下，针对退休福利确认的会计选择，发现监管资本压力是影响商业银行运用会计选择的关键因素[③]。

四、会计选择的经济后果

Scott 在其《财务会计理论》一书中将经济后果定义为："不论证券市场理论的含义如何，会计政策的选择会影响公司的价值"；而 Zeff（1978）对经济后果的观点是，"指会计报告将影响企业、政府、工会、投资人和债权人的决策行为，受影响的决策行为反过来又会损害其他相关方的利益，这种思想就是经济后果观"。如前面所分析的，鉴于商业银行的特殊

---

① 由于第三层次计量的资产参照物相对较少，更有可能虚增。
② 当然，这个问题随着审慎过滤器运用的变化而发生变化。
③ 目前，相关制度在我国并不存在。

性，商业银行的行为更容易产生宏观经济后果。本书所指的经济后果按照Zeff所做的界定，主要是会计行为的宏观影响。

从市场反应的角度看，价值相关性的研究着重评价权益价值市场与会计数据的相关性，即商业银行会计信息的信息含量与其市场反应，比如运用公允价值对股票价格的影响（Amir et al.；Beaver，1966；Ohlson，1980；Barth，2000）。

监管视角的经济后果，一是会计选择对会计信息质量的影响。商业银行过度使用会计自由裁量权会破坏信息的价值含量，尤其是当商业银行经营存在问题，外部监管和利益相关者需要知道其真实信息，需要会计信息及时、有效预警的时候，会计机会主义行为过度运用会计自由裁量权严重影响了信息质量，导致会计信息未及时反映商业银行的财务困境。GAO（1991）对美国储贷危机中倒闭的39家银行研究表明：FDIC调查人员认定，这些银行的贷款组合损失了81亿美元；然而，在资不抵债之前，在向金融行业监管机构提交的报告中只报告了13亿美元的损失。Linsmeier（2010）发现，在2009年倒闭的140家美国银行中，至少120家商业银行公开的资产负债表上都有可观的净资产；多数银行被金融行业监管机构认为资本充足，甚至在倒闭前仅4至6个月资本充足指标均符合要求；而在几个月之内平均一级风险资本比率从4%以上降至1.5%，一级杠杆资本比率降至1.23%。这些数据充分说明，在危机中倒闭的商业银行过度运用会计自由裁量权的现象十分严重。

二是银行风险和顺周期等问题。贷款损失准备会计选择的经济后果主要体现在风险方面。预期损失模型使会计信息变得更加不透明，损害了银行风险承担的市场约束功能（Bushman et al.，2012）；延迟确认损失对未来资本充足率、银行信息透明度产生消极影响，导致更高的个体风险和股票市场的流动性风险（Bushman et al.，2015）；商业银行未足额提取的贷款损失准备越多，其未来一期的个体风险和外溢风险就越高（戴德明 等，2016）。公允价值会计选择最主要的经济后果是顺周期效应。Wallison（2008）指出，公允价值具有自身无法弥补的顺周期缺陷，繁荣时期不断上升的公允价值夸大了金融资产价值，产生泡沫；在危机时期因市价下跌带来更恶劣的预期，资产加速贬值，使经营问题雪上加霜。有关资产出售的研究表明，当市场处于下行周期时，商业银行为了缓解监管资本压力通常会采取廉价策略出售资产，进而产生向下的负反馈、破坏金融系统的稳定性（Allen et al.，2008）。市场流动性视角的研究发现，当金融机构受到金融行业监管限制时，市场流动性与公允价值会计产生交互作用，从而对企业行为产生较大影响（Brunnermeier et al.，2009）。

三是对社会福利的影响。因为商业银行承担的社会功能，会计选择的经济后果会造成社会福利的严重损失。第一，导致"把好钱花在坏钱上"，造成挤出效应（Linsmeier，2010）。商业银行问题被忽视的时间越长后果越严重，因为境况不佳的银行延续它们无法支持的业务，并继续承担新的风险。以日本金融危机为例，商业银行没有及时反映自身财务状况的后果是，政府把好钱花在坏钱上，让亏损的僵尸公司继续经营，而把更有生产力的竞争对手挤出市场；甚至导致僵尸银行的出现，靠政府反复注资来维持这些银行的经营，对日本经济造成了灾难性的后果。第二，导致了利益相关者的增量损失。以锦州银行股价反应为例，锦州银行因延迟发布2018年年报导致股票停牌，后披露年报显示业绩存在问题，2019年9月2日股票复牌当天，股价大幅下跌8.57%。股价的反应至少说明之前依靠会计信息作为主要信息来源的投资者没有接收到会计信号①，遭受远超于与收益相配比的损失。第三，增加社会救助成本。据 Curry 和 Shibut 统计，美国储贷危机导致美国金融机构出现自大萧条以来最严重的崩溃，大量的破产银行挤占了 FDIC 的资源，截至1999年12月31日，储蓄机构危机已使纳税人损失约1 240亿美元，储蓄机构行业损失约290亿美元，估计总损失约1 530亿美元。根据 Hoshi 和 Kashyap（2004）的研究，日本金融危机中银行破产代价高达100万亿日元——相当于日本国内生产总值的20%。根

---

① 如果之前已经获得预警信号，就会提前反映在对股票的定价中，股价就不会在披露年报时大幅下跌。

据 Laeven 和 Valencia（2012）的统计数据，在 20 世纪 70 年代以来的 147 次银行业危机中，解决危机的财政成本估计平均约占 GDP 的 13%。Linsmeier（2010）对美国倒闭的 140 家银行研究发现，银行普遍在倒闭前一个季度才暴露出资本不足的问题，此时实施救助为时已晚，银行自身已经来不及阻止这种恶化，投资者、储户和其他利益相关者迅速撤出资金，金融行业监管机构只好更被动地拯救它们。

五、外部约束与会计选择

一些外部条件会影响商业银行的会计选择，比如公司治理。银行公司治理问题的研究起步较晚，Arun 和 Turner（2003）认为该问题在亚洲金融危机后逐渐受到重视。董事会特征影响商业银行会计选择，大规模的董事会被认为不符合股东的利益（Aebi et al.，2012）；独立董事是"良好管理"的另一个要素，是更有效的管理监督者（Adams et al.，2012），Cornett 等（2009）发现银行董事会的独立性能够约束盈余管理；Beltratti 和 Stulz（2012）利用跨国数据发现，董事会对股东更友好的银行，在危机中表现更差。在治理质量和监管约束的研究中，通过将商业银行坏账冲销指标与信用指数所暗示的贬值进行比较发现，推迟冲销的程度取决于银行的公司治理质量和监管调查（Vyas，2011）。Huizanga 和 Laeven（2012）认为银行在金融危机期间虚增了不良资产的价值和监管资本，并将这种原因解释为获得了监管宽容和违背会计准则，但未对其他潜在原因进行检验排除。Beatty 和 Liao（2014）认为需要在金融行业监管方面进行更多的研究，以调和理论预测和实证结果之间的差异。Kanagaretnam 等（2010）发现，对于小型银行，非预期的审计费用随着银行盈余管理程度加深而增加；但大型银行不存在该问题。Wu 等（2015）以中国的商业银行为样本，检验发现引进战略投资者后，会计自由裁量权得到有效约束，会计信息质量得以提升。

商业银行会计选择的另一个约束条件是经济环境。相关证据表明，商业银行在不同经济时期、不同经济环境下，会计选择存在差别。

Domikowsky（2014）、Park（2015）发现在危机期间，面临资本压力的银行会推迟确认贷款减值损失或减少贷款损失准备计提。Shrieves 等（2003）研究发现，日本商业银行在 1989—1996 年经济衰退期间，运用贷款损失准备会计进行盈余管理和资本管理，即使需为此缴纳大量税收①。Sood（2012）将 2002—2006 年危机前的繁荣时期与 2007—2009 年的危机时期相比较，发现银行在危机时期更广泛地使用贷款损失准备会计来进行盈余管理。Agarwal 等（2007）考察了日本银行在高速增长（1985—1990 年）、滞胀（1991—1996 年）、严重衰退（1997—1999 年）三种不同经济环境下的行为，发现正常的商业银行在前两个时期运用贷款损失准备会计进行盈余管理和资本管理，在严重衰退时期贷款损失准备会计选择受限；而亏损的商业银行，在严重衰退期也运用贷款损失准备会计选择。基于欧美银行数据的研究发现，银行通常运用会计选择实现自身的目标，在经济下行/经济危机等特殊时期该情形会更普遍、更严重（Acharya et al.，2016）。

还有其他的外部原因，比如，郭峰和刘冲（2016）结合我国由（原）银监会向各省派出监管局特有的制度背景，利用我国城市商业银行的数据研究发现，银行在（原）银监局局长变更导致的"责任空档期"，将之前通过会计选择隐藏的不良贷款释放出来。

在本节，通过对实践的观察总结和对文献的梳理，呈现了商业银行会计问题研究的多样性，多重激励和多重会计方法的问题使得对相关实证结果的解释复杂化。这也从一个角度解答了商业银行样本为什么在实证研究中被剔除，因为非金融行业企业共识性的基础理论很难适用于商业银行会计选择的研究。随着监管制度演变，如运用预期损失模型、取消审慎过滤器制度的政策效应等，将会持续形成银行业会计研究的话题。

---

① 该文同时指出，金融行业监管"似乎"让日本银行推迟了解决危机的决定。

第三节 商业银行会计选择传导机制

一、双重监管差异对会计行为的影响路径

与非金融行业企业一样，商业银行同样存在追求股东利益最大化的经营目标，由于银行经营目标与会计监管目标不一致，管理层有动机实施会计机会主义行为。与非金融行业企业不同的是，银行受到金融行业监管规则和金融工具会计准则的共同作用，在两种制度的约束条件下做出选择，致使银行会计行为更加复杂。已有研究和实践表明，双重监管差异对银行会计行为的影响有两种情形（见图3.1），而银行最终如何运用会计选择，是其优序选择的结果。

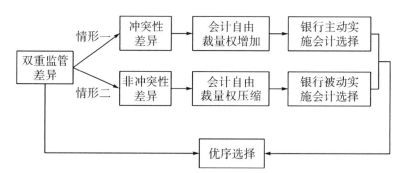

图 3.1 双重监管差异对会计选择的影响路径

在图3.1的情形一中，双重监管存在差异甚至冲突，冲突意味着监管博弈、拉锯，进而为银行会计选择提供空间。双重监管的冲突越大，赋予银行的可选空间越大，银行会利用这种空间满足自身目标，进而忽视监管目标。例如，双重监管在贷款损失准备计提的监管理念和监管行动上都存在较大差异，使管理层有机会根据需要人为地多提或者少提贷款损失准

备。即便计提模式调整为"预期损失模型"仍不一定能够解决该问题[①]，双重监管差异导致的问题在未来仍将继续存在。

在图 3.1 的情形二中，由于双重监管的存在，银行需要遵循更多的约束，即在银行的"监管约束集"里形成了"监管并集"，拓宽了监管约束集的范围，银行产生一些被动的会计选择行为，造成银行会计行为扭曲。例如，由于金融行业监管将公允价值计量的交易性金融资产变动损益排除在监管资本之外，银行无法按照经营需要自由地配置交易性金融资产，而是为满足监管要求被动地调整资产配置。再如，商业银行资本面临压力时，倾向于通过会计政策调整来缓解压力（梁浩 等，2020）。这些被动选择行为可能对监管制度实施效果造成负面影响。

二、会计行为、会计信息与银行稳定性

银行在资产配置、资产处置、资产计量以及信息披露等环节都具有会计自由裁量权，实施这些裁量权将影响会计信息透明度。会计自由裁量权是一把双刃剑（Bushman，2016），一方面，它将私人信息纳入财务报告，为信息收益创造空间；另一方面，它增加潜在的机会主义会计行为，为银行提供隐藏"坏消息"的机会，破坏稳定性。Ryan（2018）总结了会计选择影响稳定性的渠道，包括增加银行违反监管资本要求的可能性、改变银行风险管理和财务报告的内控制度，以及改变银行的外部市场约束和监管纪律。本书结合已有研究，将会计选择对银行稳定性（倒闭或陷入困境等）的影响渠道总结为两种：一是影响会计数据进而影响银行稳定性，二是影响信息透明度进而影响银行稳定性。相关的作用机制可以用图 3.2 直观表示。

---

① 因为它与会计概念框架存在明显的逻辑不一致，在应用中不但可能因过于复杂和主观而缺乏可行性，而且可能在会计基本概念框架层面引发新的混乱，甚至由此导致对信息操纵的纵容（郑伟，2010）。

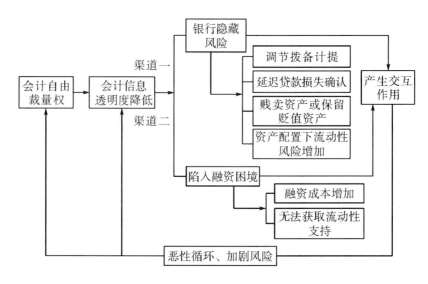

图 3.2　会计选择对商业银行稳定性的影响渠道

在图 3.2 的渠道一中，商业银行会计选择导致会计信息透明度下降，使其有机会进一步藏匿风险或实施冒险行为，这样即便银行陷入困境财务报告也不会及时反映真实状况。具体而言，为了满足资本要求，银行可以通过贷款损失准备藏匿风险，最直接的方式是推迟确认贷款损失准备，更为隐秘的方式是放松贷款分类标准进而延迟确认损失，惯常做法是当客户面临还款困难时，通过续贷或重新授信使其有能力支付利息，进而避免确认不良贷款。上述行为很难被外部发现，但会形成风险隐患。又如，在经济下行期为了缓解资本压力或者流动性风险，银行会处置资产，而此时最容易处置的资产通常是银行的优质资产，最后会留下流动性差或早已贬值的资产，这些交易不以经营为目的，相当于饮鸩止渴（Diamond et al.，2011），从而进一步加剧风险。再如，财务报告使用者并不了解银行减少对交易性金融资产的配置、将较多投资归类为"持有至到期"是基于经营需要还是出于资本管理目的，如果是以资本管理为目的，则该行为是以牺牲流动性为代价的，当银行持有缺乏流动性的资产且风险难以估值时稳定性就会受到威胁（Acharya et al.，2016）。投资者和监管机构很难通过财务报告来判断上述会计裁量行为是基于经营目的还是为满足监管要求的风险藏匿行为，致使市场纪律无法发挥作用、监管机构也无法及时发现问题，造成的后果是即使银行陷入困境其财务报告仍显示正常的财务和资本状况。

在图 3.2 的渠道二中，会计选择导致银行会计信息透明度下降，使其融资成本和融资难度上升，导致银行被迫实施抛售资产、收缩贷款等策略，陷入困境。具体而言，当银行信息不透明程度加大时，无论是通过再融资补充资本，还是通过同业间市场相互拆借补充流动性，都会被交易对方要求支付较高的成本，甚至无法获得融资，进而导致资本无法满足金融行业监管要求，或出现流动性风险。信息透明度会加强事前纪律，当投资者无法知悉风险情况或发现风险增加时，会要求其投资获得更高的回报（Bushman，2016）；市场也将银行资产的透明情况纳入其定价决策中，不透明资产越多的公司估值折现率越高（现值越低）（Jones et al., 2013）。

图 3.2 的两种渠道均反映出会计自由裁量权影响会计信息透明度进而影响银行稳定性，所述情形也已被大量文献检验。两种情形之间还可能产生交互作用，当通过外源融资补充资本受限时银行可能采取情形一的相应手段，进一步增加会计选择运用，包括操纵数据、出售优质资产等；而信息质量下降又为银行过度运用会计裁量权提供了机会，使其更加隐蔽、不能被及时发现，会计信息质量又进一步下降，形成恶性循环，不断加剧风险，最终出现危机。

双重监管存在的差异甚至冲突在很大程度上引发了银行会计裁量权行为，从结果来看，过度运用会计选择损害会计信息质量、破坏稳定性，既违背了金融行业监管目标又违背了会计监管目标，使双重监管面临"双输"局面。因此，理论界和实务界都在探索如何更好地限制会计自由裁量权，提高会计信息质量，增强银行稳定性。

第四节　小结

本章对会计选择进行了回顾。会计选择是管理层做出的与会计相关的决定和行为，会计选择包括贯穿于会计确认、计量与报告各个环节的会计政策、会计方法以及信息披露水平等方面的选择，也包括主要为了影响会计数字而做出的真实经营决策等，其目的是通过选择影响会计系统的输出方式，实现能够满足管理层意图的会计结果。会计选择是企业活动通过会计的具体体现，会计选择不可避免，会计选择具有多重目标。会计选择是解决代理问题的一种方案，在赋予管理层会计选择灵活度方面，缔约主体面临效率与机会主义的权衡。

商业银行的特殊性导致了会计选择的特殊性。一是商业银行在双重监管之间面临优序选择，分析认为，商业银行会优先考虑金融行业监管，比如资本管理的目标。二是会计选择的手段和经济后果都区别于非金融行业企业，如拨备计提方面，包括贷款损失准备计提、通过延迟确认不良贷款、调节核销额度；公允价值会计方面，包括利用公允价值的不透明性虚增资产、调整配置、处置金融资产、金融资产重分类等方式。商业银行会计选择的经济后果除了会计上的价值相关性外，还包括风险、顺周期，以及社会福利方面的后果。

在现有文献和观察总结的基础上，本书对于商业银行会计选择的传导机制提出了一个初步的分析框架。双重监管影响会计选择，一是双重监管存在差异赋予银行更大的空间，二是双重监管约束导致商业银行适应性的扭曲行为。会计选择影响银行稳定性，一是影响会计数据进而影响银行稳定性，二是影响信息透明度进而影响银行稳定性。这个初步框架，可以为商业银行会计行为的研究提供理论铺垫，也可以为解决双重监管的问题提供借鉴。

第四章 我国商业银行会计行为影响机制的实证分析

本章主要通过几个研究成果呈现我国商业银行在面临双重监管时所采取的会计选择行为。由于数据可得性以及研究方法等，实证结论也存在不完全统一之处，本章旨在体现对相关问题的关注。这些成果都是与第二章、第三章的问题相关的研究。

第一节　资本压力与商业银行会计选择

本节研究资本压力与会计政策调整的关系，即在资本压力增加的情况下商业银行是否会通过调整其会计政策来缓解这一压力。本书所关注的资本压力增加的情况源于资本监管制度改革，2013 年 1 月 1 日起我国商业银行实施《商业银行资本管理办法（试行）》这一更严格的资本监管制度，为本书提供了恰当的研究契机。基于收集的商业银行财务报告数据，本书从贷款减值和金融资产分类两个角度分析资本压力与会计政策调整之间的关系，即分析在资本压力增加的情况下商业银行是否会通过调整贷款减值和金融资产分类会计政策来缓解这一压力。选定贷款减值和金融资产分类为被解释变量基于两点考虑：一是当前的会计制度在这两类会计操作上为商业银行提供了较大弹性空间；二是它们均对监管资本核算产生较大影响，如 Sanders（2010）发现金融危机期间贷款减值准备对美国商业银行资本的负面影响为 15.36%，Fiechter（2011）发现金融资产重分类限制放松后有 1/3 的欧盟商业银行实施了重分类处理。

一、研究假设

本书基于理论分析提出了以下三个假设：

H4.1：资本压力与贷款减值准备计提比例负相关。（贷款是商业银行的主要资产，该类资产占银行总资产比例高，如 Beatty 等（2013）统计的 2012 年年底美国商业银行贷款资产占总资产比率约为 60%，截至 2018 年年底我国 A 股上市商业银行贷款占总资产比重为 54.1%。当商业银行计提贷款减值准备时，在资产负债表上该准备冲减贷款资产总额，在损益表上该准备冲减税前利润，既影响资产又影响收益，对监管资本充足水平影响大。由于贷款减值会计处理涉及较多估计和判断，商业银行会利用这些估计和判断提供的弹性空间操纵监管资本。）

H4.2：资本压力与初始分类划归为交易性金融资产的比例负相关。（金融资产分类会计规范对监管资本的影响是通过影响"按公允价值计量且其变动计入损益的金融资产规模"而实现的，如果商业银行划分为交易性金融资产的数额大，则对监管资本影响大；反之则小。在金融资产分类会计处理上，商业银行的选择权体现在两方面：一是在金融资产初始分类时具有一定选择空间；二是在金融资产持有期间可行使重分类选择权，但因行使该权利的限制和成本较高而较少使用。）

H4.3：资本新规实施之后，资本压力与贷款减值准备计提比例和初始分类划归为交易性金融资产的比例的负相关关系增强。〔《商业银行资本管理办法（试行）》规定了更高的资本标准和更严格的资本要求，且原银监会提出了具体的达标时间（2018 年年底前），使商业银行面临陡然增加的监管资本压力。〕

二、研究设计

本书选取 2007—2016 年 A 股上市商业银行样本，对其年报和半年报数据进行分析。样本数据来源于 CSMAR 和 Wind 数据库，另从 A 股上市商业银行定期报告中手工搜集了部分缺失数据。筛选完成后，样本商业银行为 16 家，样本量为 276 个。利用 Stata 14.0 软件进行数据分析。

为了验证商业银行资本缓冲水平（资本充足率高于相应监管标准的差额）对贷款减值准备计提比例的影响，参考已有文献（Kim et al., 1998; Kanagaretnam et al., 2010），构建模型 4.1 进行检验。

$$LLP_{i,t} = \beta_0 + \beta_1 Capbuffer_{i,t} + \beta_2 Circle_{i,t} + \beta_3 SML_{i,t-1} + \beta_4 NPL_{i,t-1} + \beta_5 CO_{i,t} +$$

$$\beta_6 EBPT_{i,t} + \beta_7 Size_{i,t} + \beta_8 Lev_{i,t} + \beta_9 Growth_{i,t} + \beta_{10} \Delta NPL_{i,t} +$$

$$\beta_{11} \Delta LOAN_{i,t} + \varepsilon_{i,t} \qquad (4.1)$$

为了验证商业银行资本缓冲水平对金融资产分类的影响，参考已有文献（叶建芳 等，2009），构建模型 4.2 进行检验。

$$Per_{i,t} = \alpha_0 + \alpha_1 Capbuffer_{i,t} + \alpha_2 Circle_{i,t} + \alpha_3 FINA_{i,t} + \alpha_4 Size_{i,t} + \alpha_5 Lev_{i,t} +$$

$$\alpha_7 Growth_{i,t} + \alpha_8 CF_{i,t} + \alpha_9 Year + \varepsilon_{i,t} \qquad (4.2)$$

为了验证资本新规对上述关系的影响，通过在模型 4.1、4.2 中添加是否实施资本新规的哑变量 Post，以及该哑变量与资本缓冲水平的交互项 $Capbuffer_{i,t} \times Post$ 对其进行检验，参见模型 4.3 和模型 4.4。

$$LLP_{i,t} = \beta_0 + \beta_1 Capbuffer_{i,t} + \beta_2 Capbuffer_{i,t} \times Post + \beta_3 Post + \beta_4 Circle_{i,t} +$$

$$\beta_5 SML_{i,t-1} + \beta_6 NPL_{i,t-1} + \beta_7 CO_{i,t} + \beta_8 EBPT_{i,t} + \beta_9 Size_{i,t} + \beta_1 +$$

$$\beta_{11} Crowth_{i,t} + \beta_{12} \Delta NPL_{i,t} + \beta_{13} \Delta LOAN_{i,t} + \varepsilon_{i,t} \qquad (4.3)$$

$$Per_{i,t} = \alpha_0 + \alpha_1 Capbuffer_{i,t} + \alpha_2 Capbuffer_{i,t} \times Post + \alpha_3 Post + \alpha_4 Circle_{i,t} +$$

$$\alpha_6 Size_{i,t} + \alpha_7 Lev_{i,t} + \alpha_8 Roe_{i,t} + \alpha_9 Growth_{i,t} + \alpha_{10} CF_{i,t} + \alpha_{11} Y \qquad (4.4)$$

主要变量及其定义如表 4.1 所示。

表 4.1　主要变量及其定义

类别	名称	符号	具体定义
被解释变量	贷款减值准备比率	$LLP_{i,t}$	贷款减值准备/期初贷款总额
	各类金融资产比率	$Per\_HFT_{i,t}$	交易性金融资产/三类金融资产总额
		$Per\_AFS_{i,t}$	可供出售金融资产/三类金融资产总额
		$Per\_HTM_{i,t}$	持有至到期投资/三类金融资产总额
解释变量	资本缓冲	$Capbuffer_{i,t}$	详见正文
控制变量	经济周期	$Circle_{i,t}$	新增贷款/国内生产总值
	金融资产	$FINA_{i,t}$	三类金融资产总额/总资产
	公司规模	$Size_{i,t}$	总资产的自然对数
	财务杠杆	$Lev_{i,t}$	总资产/所有者权益
	盈利性	$Roe_{i,t}$	净利润/所有者权益
		$EBPT_{i,t}$	拨备前利润/所有者权益
	成长性	$Growth_{i,t}$	营业收入增长率
	现金流量	$CF_{i,t}$	每股现金流量
	关注类贷款比率	$SML_{i,t-1}$	上期关注类贷款/上期贷款总额
	不良类贷款比率	$NPL_{i,t-1}$	上期不良类贷款/上期贷款总额
	贷款总额增长率	$\Delta LOAN_{i,t}$	贷款总额变动/期初贷款总额
	不良贷款增长率	$\Delta NPL_{i,t}$	不良贷款变动/期初贷款总额
	坏账核销比率	$CO_{i,t}$	坏账核销净额/不良贷款总额

关于资本缓冲变量 $Capbuffer_{i,t}$ 的说明：①2013 年前，原《商业银行资本充足率管理办法》规定的资本充足率最低要求有两级，即资本充足率与核心资本充足率应分别不低于 8%、4%；②2013 年 1 月 1 日起，资本新规规定的资本充足率最低要求有三级，资本充足率、一级资本充足率和核心一级资本充足率（加上储备资本要求）应分别不低于 10.5%、8.5% 和 7.5%，但为平稳过渡之考虑，原银监会出台了 2013—2018 年过渡期间逐年的资本充足率监管要求；③将每一级资本充足率高于相应监管标准的差额定义为各级指标的资本缓冲，将三级（或两级）指标中的最低值作为该

银行当年的资本缓冲，资本缓冲越小，银行面临的资本压力越大；④若使用资本新规的监管标准，则定义为新规的资本缓冲 Capbuffer_ $\text{new}_{i,t}$，若使用资本充足率过渡期的监管标准，则定义为过渡期的资本缓冲 Capbuffer_ $\text{gd}_{i,t}$，主要选取前者 Capbuffer_ $\text{new}_{i,t}$ 进行分析，后者在回归中直接用 Capbuffer$_{i,t}$ 表示。

三、实证分析结果

（一）描述性统计分析

观察表 4.2 的统计数据可知，贷款减值准备计提比例 LLP$_{i,t}$ 的均值为 2.6%，最大值为 4.8%，最小值为 1.4%；交易性金融资产占比 Pre_ HFT$_{i,t}$、可供出售金融资产占比 Pre_ AFS$_{i,t}$ 和持有至到期投资占比 Pre_ HTM$_{i,t}$ 的均值分别为 6.6%、40.8% 和 52.7%，三类金融资产占总资产比例 FINA$_{i,t}$ 的均值为 16.0%；资本缓冲 Capbuffer_ $\text{new}_{i,t}$ 均值为 2.9%，最大值为 22.7%（南京银行 2007 年 12 月指标），最小值为 −1.7%（平安银行 2013 年 6 月指标），过渡期资本缓冲 Capbuffer_ $\text{gd}_{i,t}$ 均值为 3.5%，高于新规实施后下的资本缓冲水平。此外，新增信贷与国内生产总值之比 Circle$_{i,t}$ 的均值为 17.1%；净资产收益率 Roe$_{i,t}$ 和拨备前利润率 EBPT$_{i,t}$ 的半年度均值分别为 8.9% 和 15.1%；主营收入增长率 Growth$_{i,t}$ 和贷款增长率 ΔLOAN$_{i,t}$ 的半年度均值分别为 9.4% 和 9.2%，两者基本保持同步；银行关注类贷款 SML$_{i,t}$ 和不良类贷款 NPL$_{i,t}$ 占比均值分别为 2.6% 和 1.1%，坏账核销比率 CO$_{i,t}$ 的半年度均值为 8.0%。

表 4.2　变量的统计性描述分析

变量名称	样本量	均值	方差	最小值	中位数	最大值
LLP$_{i,t}$	276	0.026	0.007	0.014	0.025	0.048
Pre_ HFT$_{i,t}$	276	0.066	0.050	0	0.052	0.298
Pre_ AFS$_{i,t}$	276	0.408	0.184	0.002	0.396	0.863
Pre_ HTM$_{i,t}$	276	0.527	0.188	0	0.522	0.966

表4.2(续)

变量名称	样本量	均值	方差	最小值	中位数	最大值
Capbuffer_ new$_{i,t}$	276	0.029	0.028	−0.017	0.027	0.227
Capbuffer_ gd$_{i,t}$	276	0.035	0.024	0.001	0.031	0.227
Circle$_{i,t}$	276	0.171	0.081	0.073	0.146	0.472
FINA$_{i,t}$	276	0.160	0.058	0.055	0.153	0.403
Roe$_{i,t}$	276	0.089	0.022	0.034	0.088	0.184
EBPT$_{i,t}$	276	0.151	0.034	0.076	0.148	0.328
Size$_{i,t}$	276	19.399	1.296	15.837	19.433	21.604
Lev$_{i,t}$	276	17.099	4.329	7.650	16.585	45.370
Growth$_{i,t}$	276	0.094	0.111	−0.223	0.093	0.713
CF$_{i,t}$	276	2.721	6.600	−13.444	1.037	35.731
NPL$_{i,t}$	276	0.011	0.005	0.004	0.010	0.027
SML$_{i,t}$	276	0.026	0.014	0.006	0.024	0.076
ΔLOAN$_{i,t}$	276	0.092	0.068	−0.023	0.079	0.494
ΔNPL$_{i,t}$	276	0.001	0.002	−0.004	0.001	0.006
CO$_{i,t}$	276	0.080	0.107	−0.198	0.047	0.724

从图4.1可以看出，2007—2010年，受金融危机影响，上市商业银行的资本缓冲均值从7.18%下降至3.37%，资本压力明显增加；2010—2012年，随着经济形势略有好转，资本缓冲均值从3.37%上升至4.86%，资本压力略有缓解；由于原银监会2013年实施了资本新规，上市商业银行的资本缓冲均值发生断崖式下滑，资本压力剧增，2013年资本缓冲最低跌至0.21%，过渡期资本缓冲也下滑至2.21%；2013—2016年，上市商业银行通过发行次级债、优先股等形式补充银行资本，资本缓冲均值呈现出缓慢上升趋势，而过渡期资本缓冲，由于监管标准逐年向新规靠拢，呈锯齿状波动趋势。新规的资本缓冲与过渡期的资本缓冲差异逐渐缩小，但从绝对值看依旧处于历史低位，资本压力较大。

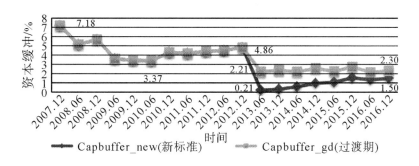

图 4.1　2007—2016 年上市商业银行资本缓冲变化趋势

从图 4.2 可以看出，2007—2008 年上市商业银行贷款减值准备计提比例出现了较大幅度的增长，计提比例从 2.2% 增至 2.65%；随后在 2009 年降至 2.16%；2010 年开始，贷款减值准备计提比例呈现缓慢上升趋势，虽然 2013 年出现小幅下滑，但总体趋势并未发生变化，甚至增长速度更快，直至 2016 年 6 月达到峰值 3.25%，随后又降至 3.13%。

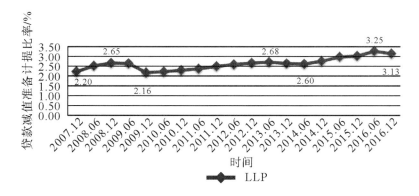

图 4.2　2007—2016 年上市商业银行贷款减值准备计提比例变化趋势

从图 4.3 可以看出，交易性金融资产在三类金融资产中的占比最低，保持在 10% 以下，持有至到期投资占比最高，可供出售金融资产占比次之。从总体趋势来看，交易性金融资产占比小幅波动，占比略有增长；可供出售金融资产和持有至到期投资的变化幅度大，相互转换的迹象较为明显，2008 年和 2013 年发生两次转折。

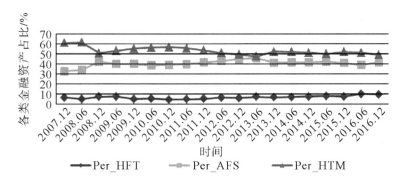

图 4.3　2007—2016 年上市商业银行金融资产分类变化趋势

（二）检验结果及分析

1. 相关性分析

表 4.3 统计了模型 4.1 中主要变量的相关性分析结果。从中可以看出，贷款减值准备计提比率与资本缓冲、关注类贷款比率、不良类贷款比率、坏账核销比率、拨备前利润率、银行规模、成长性、不良资产变化率等呈现出显著的相关关系。

表 4.4 统计了模型 4.2 中主要变量的相关性分析结果。从中可以看出，交易性金融资产与可供出售金融资产之间呈负相关关系，但并不显著；交易性金融资产与持有至到期投资呈显著的负相关关系；可供出售金融资产与持有至到期投资也呈现出显著的负相关关系，相关系数高达 0.963 3；交易性金融资产与资本缓冲之间存在显著正相关关系，可供出售金融资产和持有至到期投资与资本缓冲之间分别为负相关关系和正相关关系，但均不显著。

表 4.3 模型 4.1 主要变量的相关性分析结果

	$LLP_{i,t}$	$Capbuffer_{i,t}$	$Circle_{i,t}$	$SML_{i,t}$	$NPL_{i,t}$	$CO_{i,t}$	$EBPT_{i,t}$	$Size_{i,t}$	$Lev_{i,t}$	$Growth_{i,t}$	$\Delta NPL_{i,t}$	$\Delta LOAN_{i,t}$
$LLP_{i,t}$	1											
$Capbuffer_{i,t}$	-0.171 3***	1										
$Circle_{i,t}$	0.035 2	-0.078 6	1									
$SML_{i,t}$	0.339 2***	0.333 9***	-0.023 2	1								
$NPL_{i,t}$	0.460 1***	-0.004	0.004 9	0.696 7***	1							
$CO_{i,t}$	0.155 7***	-0.295 0***	-0.171 2***	0.218 0***	0.371 7***	1						
$EBPT_{i,t}$	0.169 7***	-0.357 8***	0.131 2**	-0.044 9	0.095 7	0.061 9	1					
$Size_{i,t}$	0.260 1***	-0.339 8***	-0.032 8	0.091	0.319 9***	0.127 3**	0.089 8	1				
$Lev_{i,t}$	-0.032 8	-0.329 1***	0.145 6**	-0.121 6**	0.022 5	-0.078 8	0.678 4***	-0.137 8**	1			
$Growth_{i,t}$	-0.269 3***	0.135 2**	-0.183 4***	-0.152 7**	-0.273 4***	-0.205 7***	0.178 0***	-0.366 2***	0.145 2**	1		
$\Delta NPL_{i,t}$	0.166 8***	-0.304 4***	-0.035 5	0.020 8	0.074 2	0.285 7***	-0.030 3	0.062 4	-0.239 1***	-0.213 1***	1	
$\Delta LOAN_{i,t}$	-0.017	0.104 5	0.717 8***	-0.039 1	-0.118 8***	-0.216 0***	0.064	-0.361 3***	0.140 9***	-0.037 5	-0.030 8	1

注：***、**和*分别代表在1%、5%和10%的统计水平上显著。

表4.4 模型4.2主要变量的相关性分析结果

变量	Pre_ HFT$_{i,t}$	Pre_ AFS$_{i,t}$	Pre_ HTM$_{i,t}$	Capbuffer$_{i,t}$	Circle$_{i,t}$	FINA$_{i,t}$	Size$_{i,t}$	Lev$_{i,t}$	Roe$_{i,t}$	Growth$_{i,t}$	CF$_{i,t}$
Pre_ HFT$_{i,t}$	1										
Pre_ AFS$_{i,t}$	−0.070 4	1									
Pre_ HTM$_{i,t}$	−0.199 9***	−0.963 3***	1								
Capbuffer$_{i,t}$	0.143 6**	−0.082 5	0.042 4	1							
Circle$_{i,t}$	0.052 2	−0.005 4	−0.008 8	−0.078 6	1						
FINA$_{i,t}$	0.157 2***	0.087 9	−0.128 6**	0.356 3***	−0.016	1					
Size$_{i,t}$	−0.139 5***	−0.138 7**	0.173 8***	−0.339 8***	−0.032 8	−0.028 3	1				
Lev$_{i,t}$	−0.306 1***	−0.049 4	0.130 8**	−0.329 1***	0.145 6**	−0.344 6***	−0.137 8**	1			
Roe$_{i,t}$	−0.220 8***	0.124 0**	−0.062 4	−0.100 7	0.238 2***	−0.177 2***	0.070 3	0.391 1***	1		
Growth$_{i,t}$	−0.098 7	−0.005 4	0.031 9	0.135 2**	−0.183 4***	−0.135 0**	−0.366 2***	0.145 2**	0.261 2***	1	
CF$_{i,t}$	0.002 1	0.196 1***	−0.193 2***	−0.119 1*	−0.036 1	−0.003 5	−0.122 4**	0.059 8	0.037 1	0.131 7**	1

注：***、**和*分别代表在1%、5%和10%的统计水平上显著。

2. 回归分析

如表 4.5 所示，回归（1）列示了贷款减值准备计提比例 $LLP_{i,t}$ 与资本缓冲 $Capbuffer_{i,t}$ 的单变量回归结果，$Capbuffer_{i,t}$ 的回归系数为 -0.0403，在 5% 的水平上显著，说明资本缓冲与贷款减值准备计提比例呈负相关关系。

回归（2）列示了贷款减值准备计提比例 $LLP_{i,t}$ 与资本缓冲 $Capbuffer_{i,t}$ 的多元回归结果。该回归中的 VIF 值均小于 3，说明模型并不存在严重的多重共线性问题。$Capbuffer_{i,t}$ 的回归系数为 -0.0676，且在 1% 的水平上显著，表明资本缓冲每降低 1%，贷款减值准备计提比例提高 0.0676%。在控制变量中，经济周期 $Circle_{i,t}$ 与 $LLP_{i,t}$ 呈显著负相关，这与银行业存在的顺周期效应相符合；$LLP_{i,t}$ 与上期关注类贷款比例 $SML_{i,t-1}$ 和不良类贷款比例 $NPL_{i,t-1}$ 呈显著正相关，关注类贷款 $SML_{i,t-1}$ 每提高 1%，$LLP_{i,t}$ 则提高 0.0842%，不良类贷款 $NPL_{i,t-1}$ 每提高 1%，$LLP_{i,t}$ 则提高 0.4605%，与银行贷款减值准备的计提原则相符；坏账核销比例 $CO_{i,t}$ 与 $LLP_{i,t}$ 呈显著负相关；拨备前利润率 $EBPT_{i,t}$ 与 $LLP_{i,t}$ 呈正相关，意味着银行可能通过操纵贷款减值准备计提比例来达到盈余管理的目标；杠杆率 $Lev_{i,t}$ 和成长性 $Growth_{i,t}$ 与 $LLP_{i,t}$ 呈负相关，杠杆越高，贷款减值资本计提比率对净资产收益率的影响越大，成长性越高，可能越倾向于正向盈余管理。

回归（3）列示了资本新规对资本缓冲 $Capbuffer_{i,t}$ 与贷款减值准备计提比例 $LLP_{i,t}$ 之间关系的影响结果。交互项 $Capbuffer_{i,t} \times Post$ 的系数为 -0.1123，且在 5% 的水平上显著，说明资本新规的实施增强了两者之间的负相关关系。

表 4.5　资本缓冲与贷款减值准备计提、资本新规

对资本缓冲与贷款减值准备计提相关性影响的检验结果

	（1） $LLP_{i,t}$	（2） $LLP_{i,t}$	（3） $LLP_{i,t}$
$Capbuffer_{i,t}$	-0.0403^{**} (-2.38)	-0.0676^{***} (-3.44)	0.0154 (0.92)

表4.5(续)

	（1） $LLP_{i,t}$	（2） $LLP_{i,t}$	（3） $LLP_{i,t}$
$Capbuffer_{i,t} \times Post$			$-0.112\ 3^{**}$ (-2.09)
$Post$			$0.006\ 7^{***}$ (5.06)
$Circle_{i,t}$		$-0.012\ 0^{*}$ (-1.75)	$-0.015\ 0^{**}$ (-2.33)
$SML_{i,t-1}$		$0.084\ 2^{*}$ (1.86)	$0.059\ 0$ (1.34)
$NPL_{i,t-1}$		$0.460\ 5^{***}$ (3.79)	$0.458\ 8^{***}$ (3.81)
$CO_{i,t}$		$-0.010\ 5^{**}$ (-2.55)	$-0.013\ 0^{***}$ (-3.78)
$EBPT_{i,t}$		$0.063\ 4^{***}$ (4.35)	$0.055\ 1^{***}$ (3.86)
$Size_{i,t}$		$-0.000\ 2$ (-0.65)	$0.000\ 3$ (0.86)
$Lev_{i,t}$		$-0.000\ 5^{***}$ (-3.99)	$-0.000\ 2$ (-1.28)
$Growth_{i,t}$		$-0.010\ 9^{**}$ (-2.30)	$-0.009\ 6^{**}$ (-2.11)
$\Delta NPL_{i,t}$		$0.540\ 1$ (1.59)	$0.196\ 0$ (0.53)
$\Delta LOAN_{i,t}$		$0.004\ 5$ (0.47)	$0.014\ 2$ (1.49)
$Constant$	$0.027\ 5^{***}$ (44.06)	$0.026\ 9^{***}$ (3.59)	$0.008\ 4$ (1.07)
N	276	276	276
F	5.68	12.29	12.65
$Adj\ R^2$	0.029 3	0.342 9	0.391 8

注：括号内是经异方差调整的 t 值；*** 、** 和 * 分别代表在 1%、5%和 10%的统计水平上显著。

多元回归（4）、（5）、（6）分别考查了资本缓冲对各类金融资产分类的影响。在上述多元回归中，由于存在年份的影响，VIF 最大值不超过 7，说明回归模型并不存在严重的多重共线性问题。

如表4.6所示，回归（4）列示了交易性金融资产占比 Per_ HFT$_{i,t}$ 与资本缓冲 Capbuffer$_{i,t}$ 的多元回归结果。Capbuffer$_{i,t}$ 的回归系数为 0.663，在 1% 的水平上显著，说明资本缓冲越大，银行越倾向于将金融资产分类为交易性金融资产，资本缓冲每提高 1%，交易性金融资产占比提高 0.663%。

回归（5）列示了可供出售金融资产占比 Per_ AFS$_{i,t}$ 与资本缓冲 Capbuffer$_{i,t}$ 的多元回归结果。Capbuffer$_{i,t}$ 的回归系数为 −2.676，在 1% 的水平上显著，说明资本缓冲越小，银行越倾向于将金融资产分类为可供出售金融资产，资本缓冲每降低 1%，可供出售金融资产占比提高 2.676%。

回归（6）列示了持有至到期投资占比 Per_ HTM$_{i,t}$ 与资本缓冲 Capbuffer$_{i,t}$ 的多元回归结果。Capbuffer$_{i,t}$ 的回归系数为 2.013，在 5% 的水平上显著，说明资本缓冲越大，银行越倾向于将金融资产分类为持有至到期投资，资本缓冲每提高 1%，持有至到期投资占比提高 2.013%。

表 4.6　资本缓冲对各类金融资产分类的影响的检验结果

变量	（4） Pre_ HFT$_{i,t}$	（5） Pre_ AFS$_{i,t}$	（6） Pre_ HTM$_{i,t}$
Capbuffer$_{i,t}$	0.663 *** (2.59)	−2.676 *** (−3.39)	2.013 ** (2.24)
Circle$_{i,t}$	0.061 2 (1.16)	−0.335 * (−1.74)	0.274 (1.43)
FINA$_{i,t}$	−0.060 1 (−0.93)	0.510 * (1.89)	−0.450 * (−1.82)
Size$_{i,t}$	−0.008 2 *** (−2.70)	−0.049 4 *** (−4.48)	0.057 6 *** (5.24)
Lev$_{i,t}$	−0.001 2 (−1.18)	−0.012 7 *** (−3.85)	0.014 0 *** (4.22)
Roe$_{i,t}$	0.014 4 (0.10)	2.480 *** (3.20)	−2.494 *** (−3.10)
Growth$_{i,t}$	−0.010 8 (−0.37)	−0.322 *** (−3.05)	0.333 *** (3.12)
CF$_{i,t}$	−0.000 2 (−0.57)	0.004 3 ** (2.44)	−0.004 1 ** (−2.30)

表4.6(续)

变量	(4) Pre_ $HFT_{i,t}$	(5) Pre_ $AFS_{i,t}$	(6) Pre_ $HTM_{i,t}$
Constant	0.198 *** (2.65)	1.482 *** (5.71)	−0.680 ** (−2.56)
Year	Control	Control	Control
N	276	276	276
F	4.93	3.88	5.35
Adj R²	0.238 2	0.175 0	0.194 1

注：括号内是经异方差调整的 t 值；***、** 和 * 分别代表在1%、5%和10%的统计水平上显著。

回归（7）、（8）和（9）分别检验了资本新规对资本缓冲与各金融资产分类之间关系的影响。表 4.7 结果表明，仅在回归（7）中，交互项 $Capbuffer_{i,t} \times Post$ 在 5%的水平上显著，系数为−0.934，说明资本新规对资本缓冲与交易性金融资产占比的关系产生显著的抑制作用，这也在一定程度上解释了 2013 年后在资本缓冲稳步增长的过程中，交易性金融资产占比增长甚微的原因。

表 4.7　资本新规对资本缓冲与各金融资产分类之间关系影响的检验结果

变量	(7) Pre_ $HFT_{i,t}$	(8) Pre_ $AFS_{i,t}$	(9) Pre_ $HTM_{i,t}$
$Capbuffer_{i,t}$	0.764 *** (2.98)	−2.661 *** (−3.16)	1.896 ** (2.00)
$Capbuffer_{i,t} \times Post$	−0.934 ** (−1.99)	−0.140 (−0.09)	1.074 (0.70)
Post	0.087 4 *** (3.58)	−0.081 9 (−0.92)	−0.005 5 (−0.06)
$Circle_{i,t}$	0.054 4 (1.01)	−0.336 * (−1.74)	0.282 (1.47)
$FINA_{i,t}$	−0.049 9 (−0.78)	0.511 * (1.90)	−0.461 * (−1.88)
$Size_{i,t}$	−0.006 9 ** (−2.17)	−0.049 2 *** (−4.19)	0.056 1 *** (4.83)
$Lev_{i,t}$	−0.001 1 (−1.03)	−0.012 7 *** (−3.81)	0.013 8 *** (4.16)

表4.7(续)

变量	(7) $Pre\_HFT_{i,t}$	(8) $Pre\_AFS_{i,t}$	(9) $Pre\_HTM_{i,t}$
$Roe_{i,t}$	0.034 0 (0.24)	2.482 *** (3.21)	−2.516 *** (−3.14)
$Growth_{i,t}$	−0.015 9 (−0.54)	−0.323 *** (−3.07)	0.339 *** (3.16)
$CF_{i,t}$	−0.000 2 (−0.62)	0.004 3 ** (2.43)	−0.004 0 ** (−2.27)
Constant	0.164 ** (2.08)	1.477 *** (5.35)	−0.641 ** (−2.28)
Year	Control	Control	Control
N	276	276	276
F	4.75	3.89	5.51
Adj R^2	0.248 6	0.175 1	0.195 1

注:括号内是经异方差调整的 t 值;***、** 和 * 分别代表在 1%、5% 和 10% 的统计水平上显著。

3. 研究发现

商业银行面临的资本压力越大,越倾向于通过会计政策调整来降低贷款减值准备计提比例;商业银行面临的资本压力越大,越倾向于通过会计政策调整将金融资产初始划分为可供出售金融资产,以降低交易性金融资产持有比例。

第二节　商业银行资本压力与贷款损失延迟确认

一、背景介绍

为考察商业银行处于极端情形时如何过度运用会计选择行为,本书主要依据以下几条标准选取案例样本:第一,商业银行陷入经营困境;第二,会计数据在陷入困境前后出现明显差异;第三,能够通过公开渠道搜集到财务数据、相关报道①、高管层行为等关键信息。

锦州银行于 1997 年在城市信用社联合社的基础上组建成立，属于城市商业银行，2015 年在香港主板上市。2019 年 4 月，锦州银行发布公告，2018 年年报延迟披露；并于 5 月再度延期。按照香港联交所的有关规定，锦州银行股票立即停牌。锦州银行于 2019 年 5 月发布公告，称董事会及审计委员会接获安永的辞任函，并更换国富浩华（香港）会计师事务所为新的合作方。

锦州银行最终于 2019 年 9 月 1 日公布了 2018 年年报和 2019 年中期业绩报告。其中，2018 年年末资产减值损失 236.84 亿元，较 2017 年年末增加 587.6%；净利润由 2017 年盈利 89.77 亿元转为 2018 年净亏损 45.38 亿元；2018 年年末资本充足率、一级资本充足率和核心一级资本充足率分别为 9.12%、7.43%、6.07%，分别较上年年末下降 2.55 个百分点、2.81 个百分点、2.37 个百分点，均低于金融行业监管要求。2019 年 6 月，锦州银行经营状况继续出现恶化状态。锦州银行股票于 2019 年 9 月 2 日复牌后持续大幅下跌，截至 2020 年 3 月 11 日复牌前，累计跌幅 65.29%。该行 2020 年 8 月宣布，不再发放上年度优先股股息，可见其经营确陷困境。事件发展如表 4.8 所示。

表 4.8　案例银行相关事件发展和增资扩股时间表

事件发生时间	事件内容
2015 年 12 月	在香港联交所主板上市，公开发售 H 股为 1 379 381 818 股，股票面值为人民币 1 元，发行价格为每股港币 4.66 元
2016 年 12 月	2016 年 12 月 28 日溢价配售 H 股 10 亿股，每股 7.5 港元，溢价为人民币 56.38 亿元

---

① 相关报道包括：http://www.yidianzixun.com/article/0MCl2rnI；https://zhuanlan.zhihu.com/p/76547979；https://www.zhitongcaijing.com/content/detail/133189.html；https://www.sohu.com/a/341679217_120174559；http://finance.sina.com.cn/stock/hkstock/ggscyd/2019-08-22/doc-ihytcern2607474.shtml 等。

事件发生时间	事件内容
2017 年 10 月	发行 0.748 亿股优先股股票，发行价为每股 20 美元，每股面值为人民币 100 元，发行所得款项人民币 99.44 亿元全部用于补足一级资本
2018 年 5 月	披露更换会计师事务所议案，因毕马威服务期限届满，聘任安永为 2018 年年报审计机构
2018 年 12 月	发行 10 亿股港股股票，发行价为每股 8.3 港元，每股面值为人民币 1 元，发行新股所产生的溢价为人民币 62.33 亿元，计入资本公积
2019 年 3 月	延迟披露 2018 年年报，因为无法提供一些贷款的商业基准和会计处理文件，安永无法按时完成相关审计工作，4 月 1 日股票停牌
2019 年 5 月	2018 年年报披露再度延期，因为无法提供一些贷款的商业逻辑及其真实性和合理性及还款来源，锦州银行在这些贷款减值准备计提方案上无法与审计机构达成一致；股票继续停牌
	安永提交辞任函，因为发现银行向某些客户发放的某些贷款实际用途与文件所述不符，于是要求额外文件以证明客户还款能力和实际用途，旨在评估贷款的可收回性，但至提交辞任函之日未能就处理该事项所需的文件范围达成一致。安永辞任后，锦州银行决定聘任国富浩华（香港）会计师事务所为新的年报审计机构；股票继续停牌
2019 年 7 月	监管机构与部分金融机构商讨锦州银行的救助对策，引入中国工商银行、中国信达、长城资产三家战略投资者
2019 年 8 月	公布 2018 年年报，净利润由 2017 年的 89.77 亿元转亏为净亏损 45.38 亿元，资本充足率低于金融行业监管要求，股票复牌后大幅下跌
2019 年 10 月	暂停向 AT1 美元债券的投资者派发一年票息，出现财务困境
2019 年 12 月	浙商证券撤销对锦州银行 A 股首次公开发行股票上市辅导
2020 年 10 月	引入成方汇达、辽宁金控两家战略投资者

二、基于多角度的分析

从不同角度分析案例银行资本压力与资产减值延迟确认的关系，包括资产减值计提及侵蚀资本程度、相关资产及其减值变化趋势、财务指标与金融行业监管指标比较、案例银行相关指标与区域内同类银行比较等。银行资本压力增加主要源于资本要求提高或者宏观经济环境景气度下降，过去一段时间内上述因素在我国银行业并存①。因此判断 2013—2018 年我国商业银行受到上述两因素叠加影响，资本压力普遍增加。基于上述判断和分析需要，手工收集锦州银行 2013—2018 年年报相关数据并计算相关比率汇总于表 4.9 和表 4.10。

表 4.9　案例银行相关资产及减值数据②

项目名称	2013 年	2014 年	2015 年	2016 年	2017 年	2018 年
资产总额/亿元	1 755.138 5	2 506.927 20	3 616.599 13	5 390.595 22	7 234.176 5	8 459.227 48
资产减值损失/亿元	2.747 39	7.934 69	22.969 43	27.848 95	34.445 23	236.837 18
贷款及垫款总额/亿元	782.732 49	887.992 60	1 011.744 10	1 268.000 83	2 151.211 74	3 707.257 31
贷款及垫款的减值损失/亿元	1.264 74	7.062 66	18.677 57	11.534 24	16.232 08	174.899 29
风险加权资产总额/亿元	1 166.921 91	1 817.107 77	2 876.620 70	4 079.229 31	5 530.875 41	7 340.506 77
资本充足率/%	10.89	10.45	10.50	11.62	11.67	9.12
资本指标监管红线/%	8.50	8.90	9.30	9.70	10.10	10.50

表 4.10　案例银行相关资产及减值的比率数据　　　　　单位:%

指标名称	指标含义	2013 年	2014 年	2015 年	2016 年	2017 年	2018 年
资产减值与资产总额之比	资产减值计提程度	0.16	0.32	0.64	0.52	0.48	2.80
资产减值与风险加权资产总额之比	资产减值侵蚀资本的程度	0.23	0.43	0.79	0.68	0.62	3.22
资本缓冲	资本压力程度	2.39	1.55	1.20	1.92	1.57	-1.38
资产总额年增长率	变动趋势	42.38	42.58	45.44	49.05	34.20	16.93
贷款及垫款总额增长率	变动趋势	24.01	12.01	19.00	25.33	69.65	72.33
资产减值损失年增长率	变动趋势	-8.03	188.81	189.48	21.24	23.69	587.58
贷款减值损失年增长率	变动趋势	8.92	45.71	71.57	26.11	23.96	279.24

（一）资产减值计提及侵蚀资本程度

本书引用"资本缓冲"指标，并设计了"资产减值与资产总额之比"

---

① 2013 年我国开始实施《商业银行资本管理办法（试行）》，将资本充足率由 8% 提高至 10.5%，给定 6 年过渡期，2018 年年末必须达标；2014 年 12 月中央经济工作会议提出了我国经济发展进入新常态的基本判断。

② 从锦州银行 2013—2018 年年报相关项目中手工收集获得。

和"资产减值与风险加权资产总额之比"两个新指标来反映案例银行资本压力与资产减值推迟确认的关系。"资本缓冲"是公认的反映银行资本压力的指标，是资本充足率与金融行业监管最低要求之差，该指标越大说明银行资本压力越小，越小说明资本压力越大[1]。银行资产总额中金融资产占比超过90%，这些资产大多需要在资产负债表日进行减值测试，从而确定减值损失金额，因此"资产减值与资产总额之比"能反映资产负债表日银行资产减值的计提程度。资本充足率（综合资本指标）是总资本净额与风险加权资产总额的比率，资产减值损失直接侵蚀总资本净额，拉低资本充足率；测算资产减值对资本充足率的影响程度，一个有效的办法是计算"资产减值损失占风险加权资产总额的比率"，它反映了资产减值侵蚀资本指标的程度。

观察图4.4发现，案例银行2013—2018年资产减值与资本指标的关联关系是比较清晰的：2013年资本缓冲较高，资本压力不大，但在接下来两年随着整体经济增速放缓，案例银行资产减值计提程度有所提高，加之监管红线逐年提高[2]，导致其2015年的资本缓冲降至2013年的一半，资本压力陡增；为应对挑战，案例银行加强了资本管理的力度，除继续增资扩股之外[3]，也明显地降低了资产减值损失计提程度，2016年资产减值计提程度同比下降18.75%，2017年同比又下降7.69%，资产减值侵蚀资本的程度也相应降低13.92%和8.82%。基于上述分析，初步判断案例银行在2015年年末经历了陡增的资本压力后，2016—2018年延迟确认了部分资产减值损失，以缓解部分资本压力，致使2018年积累了较多未确认资产减值损失，后续审计机构确认了全部资产减值损失236.84亿元（同比增长587.58%）。

---

① 如为负值说明银行资本水平低于法定标准，将被采取监管措施，如下发监管意见书、限制分配红利，甚至接管、重组或注销等。

② 按照监管要求，2013年资本充足率的监管红线是8.50%，接下来每年提高0.4%，到2018年达到10.50%。

③ 该行2016年和2017年合计股权融资约人民币170亿元。

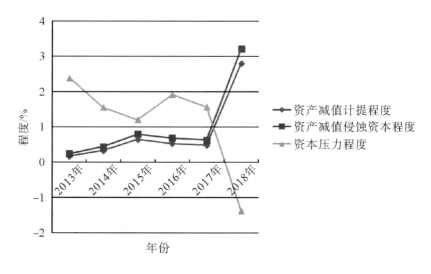

图 4.4　案例银行资产减值计提程度与资本压力关系

（二）相关资产及其减值变化趋势

依据《企业会计准则第 22 号金融工具确认和计量》及其应用指南（2006），银行要在资产负债表日对公允价值计量且其变动计入当期损失的金融资产以外的金融资产的账面价值进行检查，有客观证据表明该金融资产发生减值的应当计提减值准备；可以选择对单项资产进行减值测试，也可以采用组合方式进行减值测试；采用组合方式进行减值测试应当根据以前年度历史数据确定计提坏账准备的比例。基于上述规定，通常情况下银行资产减值损失金额的变化趋势与相应资产规模的变动趋势具有同步性。因此为进一步观察案例银行资本压力与相关资产及其减值变化趋势的关系，确定"资产总额年增长率"和"资产减值损失年增长率"这一对观测指标，它们的变动趋势应基本趋同，否则可能存在操纵行为。另外，在银行金融资产中通常贷款及垫款占比最高，贷款减值损失金额是资产减值损失中占比最高的项目，因此又确定"贷款及垫款总额年增长率"和"贷款减值损失年增长率"这一对观测值，它们的变动趋势也应该基本趋同，否则可能存在操纵行为。

观察图 4.5 发现，案例银行的"资产总额年增长率"和"资产减值损失年增长率"的变化趋势不一致,前者2013—2016年以超过40%的增长率稳步增长但2017年和2018年增长率则下降到34.20%和16.93%,而后者在2013年出现负增长,而后在2014和2015年以近200%的速度增长,但2016年和2017年两年增速陡然降至20%左右,最后在2018年又快速增加至587.58%。"贷款及垫款总额年增长率"和"贷款减值损失年增长率"的变化趋势也不一致,前者2013—2016年以12%~25%的速度温和增长,该增速远低于"资产总额年增长率",但在2017年和2018年则以约70%的增速快速增长,而后者2013年至2016年增长率分别是8.92%、45.71%和71.57%,增速快速提高,但2016年却快速下降至26.11%,2017年继续下降至23.96%,在2018年又急增到279.24%。这两对观测值的变化趋势均不一致,说明案例银行资产减值和/或贷款减值会计处理中可能存在人为操纵行为。

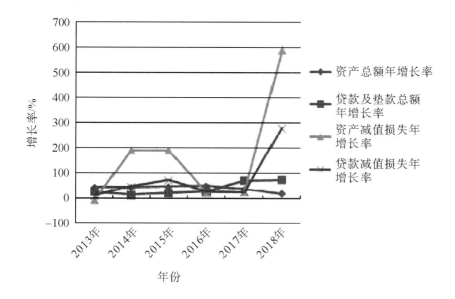

图 4.5 案例银行相关资产及减值变化趋势

对"资产减值损失年增长率"与"贷款减值损失年增长率"变化趋势与图4.4的"资本压力程度"变化趋势进行比较发现,案例银行在2016年大幅度调低了"资产减值损失年增长率"与"贷款减值损失年增长率"

是因为它在 2015 年年末遭遇了较大资本充足率下行压力，为缓解这一压力案例银行大幅度调低了相关资产减值损失的计提比例。这一结论与"资产减值计提及侵蚀资本程度"部分的分析结论一致。

（三）区域内同类银行资产减值和资本指标比较

通过对案例银行相关数据的纵向趋势分析，发现资产减值损失对资本指标产生实质性影响，故此在面临异常资本压力时该银行将延迟确认资产减值损失作为虚增资本工具，这与已有文献研究（宋洪吉 等，2013；袁鲲等，2014）的结论一致。为进一步验证该结论，将案例银行资产减值、资本指标及其变化情况与另一家区域内同类银行的相关数据进行横向比较①。如果真实反映客观情况区域内同类银行的资产减值损失数据变化趋势应基本一致，如果不一致则说明某家银行可能实施了操纵行为。在我国 16 家 H股上市的城市商业银行中盛京银行与锦州银行是区域内同类银行，它们的主要经营区域都是东北地区，资产规模（以 2018 年数据为准）也比较接近。手工收集盛京银行 2013—2018 年相关数据并计算相关比率汇总于表4.11、表 4.12 和图 4.6，将这些数据与案例银行相关数据进行比较分析。

表 4.11　盛京银行资产减值与资本指标

项目名称	2013 年	2014 年	2015 年	2016 年	2017 年	2018 年
资产总额/亿元	3 554.321 67	5 033.705 14	7 016.285	9 054.826 47	10 306.174 31	9 854.329 4
资产减值损失/亿元	1.718 6	9.341 51	19.553 77	36.754 11	14.032 84	64.012 49
风险加权资产总额/亿元	2 126.746 55	3 259.228 46	4 412.068 38	5 072.227 08	5 711.227 93	6 618.891 66
资本充足率/%	11.17	12.65	13.03	11.99	12.85	11.86
资本指标监管红线/%	8.50	8.90	9.30	9.70	10.10	10.50

---

① 李思慧等（2007）和肖梓光（2013）认为，银行贷款最终都要落实到一定的空间区域，因此区域经济状况是影响银行不良贷款形成的一个原因。

表 4.12　盛京银行与案例银行资产减值及资本指标比率数据表

单位:%

指标名称	指标含义	2013 年	2014 年	2015 年	2016 年	2017 年	2018 年
资产减值与资产总额之比	锦州银行资产减值计提程度	0.16	0.32	0.64	0.52	0.48	2.80
资产减值与资产总额之比	盛京银行资产减值计提程度	0.05	0.19	0.28	0.41	0.14	0.65
资本缓冲	锦州银行资本压力程度	2.39	1.55	1.20	1.92	1.57	-1.38
资本缓冲	盛京银行资本压力程度	2.67	3.75	3.73	2.29	2.75	1.36

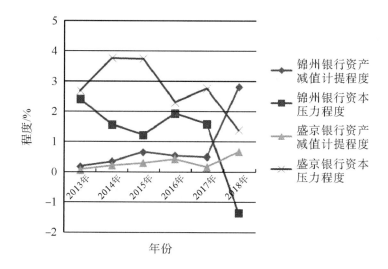

图 4.6　盛京银行与案例银行资产减值计提程度与资本压力比较

观察图 4.6 发现,在资产减值计提程度和资本压力方面两者相同之处在于:一是资本指标波动性较大,二是 2018 年资产减值计提程度都显著增加,三是 2018 年资本压力均显著增加。不同之处在于:一是盛京银行的资本指标整体高于锦州银行;二是锦州银行的资产减值计提程度整体高于盛京银行;三是 2017—2018 年盛京银行资产减值计提程度与资本压力呈现负相关关系,其他年度两者无关联关系,而锦州银行在整个窗口期内两者均呈现负相关关系。

2013—2018 年两家银行资本指标波动性大,这与经济整体增速放缓以及监管红线提高、强监管、去杠杆等宏观经济和政策环境的叠加影响有关；2018年两者资产减值计提程度提高和资本压力显著增加，还可能与资产减值核算由基于"已发生损失模型"调整为"预期损失模型"有关。宏观经济和金融行业监管及会计政策变化属于系统性因素，它们作用于所有市场主体，对市场主体产生相似影响，不能作为判断单一主体个性化行为的依据。但是案例银行的资本压力明显大于盛京银行，在具备这一显著特征的前提下，案例银行2013—2018年资产减值计提程度与资本压力显著负相关的情况说明，它可能运用了延迟确认资产减值的方法虚增资本，缓解资本压力。

（四）资产减值指标与信用风险指标比较分析

资产减值损失依据会计准则估计确定，信用风险指标依据金融行业监管规范核算。商业银行贷款资产通常在资产总额中占比最大，因此一般情况下贷款减值在资产减值中占据最大比重。贷款减值损失计提程度是贷款减值损失与贷款及垫支总额之比，不良贷款率（信用风险核心指标）是不良贷款与贷款总额之比；如果真实反映客观情况，这两个指标的具体数据可能不同，但变化趋势应该基本一致；如果变化趋势存在明显差异则说明贷款减值数据可能被操纵，因为贷款减值会计处理依据估计或判断，存在操纵空间和可能。将案例银行与盛京银行2013—2018年贷款减值损失计提程度和不良贷款率指标数据汇总于表4.13，指标变化趋势情况见图4.7和图4.8。

表 4.13　贷款减值损失和不良贷款率数据①

项目和指标名称	2013 年	2014 年	2015 年	2016 年	2017 年	2018 年
锦州银行贷款及垫支的减值损失/亿元	1.264 74	7.062 66	18.677 57	11.534 24	16.232 08	174.899 29
锦州银行贷款及垫款总额/亿元	782.732 49	887.992 60	1 011.744 1	1 268.000 83	2 151.211 74	3 707.257 31
盛京银行贷款及垫支的减值损失/亿元	18.789 18	26.976 35	39.286 3	65.359 18	77.306 31	103.585 86

① 从锦州银行和盛京银行2013—2018年报中手工收集获得。

表4.13(续)

项目和指标名称	2013 年	2014 年	2015 年	2016 年	2017 年	2018 年
盛京银行贷款及垫款总额/亿元	1 334.368 1	1 586.444 99	1 954.603 65	2 354.166 5	2 795.134 18	3 765.973 6
锦州银行贷款减值损失计提程度/%	0.16	0.80	1.85	0.91	0.75	4.72
锦州银行不良贷款率/%	0.87	0.99	1.03	1.14	1.04	4.99
盛京银行贷款减值损失计提程度/%	1.41	1.70	2.01	2.78	2.77	2.75
盛京银行不良贷款率/%	0.46	0.44	0.42	1.74	1.49	1.71

观察图 4.7 和图 4.8 发现,盛京银行的贷款减值损失计提程度与不良贷款率两个指标变化趋势基本一致且前者远远大于后者,趋势基本一致说明该行贷款减值估计与不良贷款核算所依据的基础一致,贷款减值指标远远大于不良贷款指标说明该行在会计估计裁量运用方面秉承更保守和更谨慎的原则;对于案例银行而言,如果剔除 2018 年,我们发现贷款减值损失计提程度与不良贷款指标变化有明显差异且前者大多小于后者,这说明该行贷款减值估计与不良贷款核算所依据的基础不一致,并且对不良贷款核算、贷款减值计提可能存在操纵问题;另外,案例银行不良贷款指标变化趋势非常平稳而贷款减值计提程度指标则波动较大,也说明可能其中存在操纵现象。

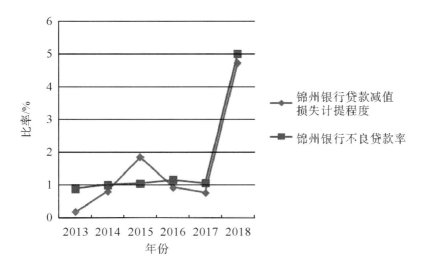

图 4.7　锦州银行贷款减值损失计提程度和不良贷款指标变化趋势

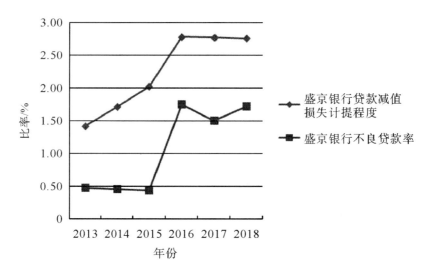

图 4.8　盛京银行贷款减值损失计提程度和不良贷款指标变化趋势

三、结论

该案例为本书提供了一个观察窗口，可以得出几个初步结论：第一，商业银行面临经营困境时，会运用会计选择操纵其指标。第二，商业银行的指标之间存在较强的钩稽关系，当商业银行面临困境时，很多指标和角度会显现出问题，对于监管主体、市场主体以及研究者而言，均可从多角度进行分析和观察。第三，商业银行过度运用会计自由裁量权，通常会造成既违背会计监管目标（会计信息质量、保护投资者），也违背金融行业监管目标（风险防范、稳定性）的后果，包括造成增量损失、损害信息质量和损害投资者利益等，因此双重监管主体均应重视该问题（后续会进一步分析）。

第三节 审慎过滤器对商业银行金融投资行为的影响

一、欧美经验

Basel Ⅲ 的审慎过滤器调整引起欧美金融界极大关注，聚焦点是"可供出售证券"（available for sale，AFS）的未实现利得和损失由原来排除在监管资本核算之外调整为纳入监管资本之中。调整之前会计处理上将"可供出售证券"的未实现利得和损失计入"累计其他综合收益"（accumulated other comprehensive income，AOCI），在监管资本核算时则应用审慎过滤器将其剔除在外，这类资产在银行总资产中的占比高（10%～20%）（Isabel et al.，2018）、影响大，因此金融界将 Basel Ⅲ 的审慎过滤器调整称为"AOCI 过滤器移除"（AOCI filter removal）。

美国金融行业监管（ABA and the Clearing House，2012）认为"AOCI 过滤器移除"会导致监管资本波动性加大，迫使银行增加资本缓冲、减少贷款供给；也会加剧利率变动的影响，推动银行降低债券投资期限[1]。Kim 等（2018）基于美国银行数据的实证结果支持了部分上述观点；他们发现"AOCI 过滤器移除"使监管资本波动增大，银行管理层通过将更多证券投资归类为"持有至到期"、减少贷款供给和更多地依赖短期融资等操作来应对这一问题。Andreas 和 James（2018）基于美国银行数据的研究也发现银行管理层通过证券投资重分类来应对这一监管政策变更，另外发现了它们更多地使用套期工具管理证券投资风险敞口的证据，但没有找到银行降低证券投资组合风险的证据。Isabel 等（2018）基于欧盟商业银行数据的研究发现，将未实现利得和损失计入监管资本加剧了资本波动的幅度、推动银行减少"可供出售证券"持有量并调整其流动性管理和监管资本管理

---

[1] AMERICAN BANKERS ASSOCIATION AND THE CLEARING HOUSE. Treatment of unrealized gains and losses under Basel Ⅲ Capital Framework，March 1，2012.

的策略。Justin 和 Zoltan（2016）发现股票市场对"AOCI 过滤器移除"消息做出负面反应，他们认为这是因为该调整代表了金融行业监管机构加强资本监管力度的趋势，被市场理解为负面消息。

虽然针对"AOCI 过滤器移除"影响的实证研究仍较少，但其均一致地发现这一资本监管制度的调整会加剧商业银行资本波动程度，从而给资本管理带来巨大压力，更具体地说这一调整导致银行在经济下行期间监管资本指标迅速恶化。有研究发现，在 2008 年第四季度美国 10 家最大银行的累计"可供出售证券"未实现损失达到 353 亿美元，如果这些损失计入监管资本将对这些银行造成致命打击，因为这些未实现损失在相应银行一级资本中的平均占比高达 10.4%（Justin et al.，2016）。另一项针对美国银行的研究发现，2018 年第一季度的利率上升导致商业银行所持"可供出售证券"市值下降 260 亿美元，金额相当于这些商业银行该季度净利润的50%（Andreas et al.，2018）。有学者统计发现，美国银行所持"可供出售证券"资产占其总资产的比重约为 14.98%（Andreas et al.，2018），欧盟商业银行所持"可供出售证券"资产占其总资产的比重约为 10%（Isabel et al.，2018）。上述数据说明，"AOCI 过滤器移除"引发监管资本波动加剧的原因是银行普遍持有较大比例"可供出售证券"且这些证券在经济下行期间通常跌幅较大。因此银行应对这一挑战的有效方法就是减少这类债券的持有量。

二、对我国商业银行金融投资行为的影响

2007 年 11 月，原银监会发布《关于银行业金融机构执行〈企业会计准则〉后计算资本充足率有关问题的通知》（2007 年年末执行），审慎过滤器制度在我国开始实施；2012 年 6 月，原银监会发布《商业银行资本管理办法（试行）》（2013 年起执行），删除了审慎过滤器制度的核心内容，可视为审慎过滤器制度废止。依据这一制度的生效时间（2007 年年末）和废止时间（2013 年），选定 2008—2012 年和 2013—2017 年两个时间段，共 10 年，16 家 A 股上市商业银行相关数据的变化趋势进行分析。

金融投资包括公允价值计量且其变动计入当期损益金融资产、持有至到期投资和可供出售金融资产三个财务报表项目，上述三个项目金额加总作为金融投资的金额。16 家 A 股上市商业银行金融投资总额与其资产总额之比作为金融投资规模占比指标，三类金融投资中各类投资总额与金融投资总额之比作为金融投资结构占比指标。相关数据及其发展趋势、相互关系见表 4.14 和图 4.12。

我国上市商业银行自 2007 年年末开始实施审慎过滤器制度。该制度针对公允价值计量且其变动计入当期损益金融资产和可供出售金融资产两类金融投资。该制度要求将公允价值变动产生的未实现损失纳入核心资本核算之中、将未实现利得过滤在核心资本之外（但不超过 50% 的部分可计入附属资本），即金融投资的公允价值计量变动对核心资本产生非对称的负面影响而不会有任何正面影响，上述两类金融投资金额越大对核心资本的负面影响越大。商业银行为降低非对称负面影响所带来的资本压力，可能调整金融投资的规模和结构。

从 2008—2012 年金融投资规模和结构（表 4.14 和图 4.9）可以看出如下变化：金融投资规模逐年下降（除 2010 年略高之外），占比由 18.72% 下降到 16.30%，下降 2.42 个百分点；在结构方面，持有至到期投资占比大幅度上升，占比由 52.68% 上升到 61.87%（最高时 64.19%），上升 9.19 个百分点；可供出售金融资产占比大幅度下降，由 43.43% 下降到 33.07%（最低时 32.08%），下降 10.36 个百分点；公允价值计量且其变动计入当期损益金融资产前期下降但后期又上升且超过前期，占比由 3.90% 上升到 5.05%，上升 1.15 个百分点。

上述金融投资规模和结构变化与审慎过滤器制度实施的联系在于：首先，商业银行将可供出售金融资产大幅度调整为持有至到期投资，因为该制度实施导致可供出售金融资产由原先可以对核心资本形成支撑（未实现利得计入资本公积）变为现在只会侵蚀核心资本（未实现利得扣除但未实现损失计入）；其次，金融投资规模被小幅压缩，可能是因为银行为规避该制度实施对核心资本核算的影响出售了部分金融投资；最后，公允价值计量且其变动计入当期损益金融资产前期被压缩，这可能是因为它由原先可能对核心资本形成支撑（未实现利得计入当期损益）变为当下的只会侵蚀核心资本的情形，所以在实施初期也被压缩①。

我国上市商业银行自 2013 年开始执行《商业银行资本管理办法（试行）》。该办法删除了 2007 年发布的审慎过滤器制度，即废除了针对公允价值计量且其变动计入当期损益金融资产和可供出售金融资产未实现损失计入核心资本、未实现利得从核心资本中扣除的规定。这一调整意味着商业银行上述金融投资会对核心一级资本（对应旧制度的核心资本）产生双向影响，即未实现利得增加核心一级资本、未实现损失侵蚀核心一级资本。该制度调整彻底改变了金融投资对监管资本影响的方式，促使商业银行对其金融投资进行系统性调整。

表 4.14　2008—2017 年 16 家 A 股上市商业银行金融投资变化数据②

指标名称	2008 年	2009 年	2010 年	2011 年	2012 年
公允价值计量且其变动计入当期损益金融资产/亿元	3 120.541 5	3 008.139 4	2 818.752 5	4 617.858 4	7 072.468 1
持有至到期投资/亿元	42 188.373 7	57 152.665 1	76 786.251 8	79 462.590 1	86 617.452 1
可供出售金融资产/亿元	34 780.336	38 535.132 1	40 051.047	39 710.241 2	46 299.760 1
金融投资总额/亿元	80 089.251 2	98 695.936 6	119 656.051 3	123 790.689 7	139 989.680 3
总资产/亿元	427 776.200 4	540 536.700 9	638 362.134 3	744 953.814 3	859 020.914 9
公允价值计量且其变动计入当期损益金融资产占金融投资总额的比重/%	3.90	3.05	2.36	3.73	5.05

① 但后续又逐步恢复，一种可能的解释是，因为大幅度调减可供出售金融资产影响了银行的流动性需求，商业银行通过增持该类资产以缓解流动性需求短缺。

② 数据来源：根据万得数据库中搜集的 16 家 A 股上市商业银行 2008—2017 年年度财报数据整理与计算获得。

表4.14(续)

指标名称	2008 年	2009 年	2010 年	2011 年	2012 年
持有至到期投资占金融投资总额的比重/%	52.68	57.91	64.17	64.19	61.87
可供出售金融资产占金融投资总额的比重/%	43.43	39.04	33.47	32.08	33.07
金融投资总额占总资产的比重/%	18.72	18.26	18.74	16.62	16.30

指标名称	2013 年	2014 年	2015 年	2016 年	2017 年
公允价值计量且其变动计入当期损益金融资产/亿元	13 706.607 4	15 459.035 1	16 968.374 8	25 709.626 6	30 665.803 7
持有至到期投资/亿元	94 651.595 2	102 293.212 5	125 963.978 4	147 263.298	169 989.478 3
可供出售金融资产/亿元	48 760.500 1	57 696.69	73 652.552 2	103 136.501 6	103 837.233 9
金融投资总额/亿元	157 118.702 7	175 448.937 6	216 584.905 4	276 109.426 2	304 492.515 9
总资产/亿元	951 375.297 4	1 057 628.158	1 188 446.679	1 343 304.522	1 425 506.372
公允价值计量且其变动计入当期损益金融资产占金融投资总额的比重/%	8.72	8.81	7.83	9.31	10.07
持有至到期投资占金融投资总额的比重/%	60.24	58.30	58.16	53.34	55.83
可供出售金融资产占金额投资总额的比重/%	31.03	32.89	34.01	37.35	34.10
金融投资总额占总资产的比重/%	16.51	16.59	18.22	20.55	21.36

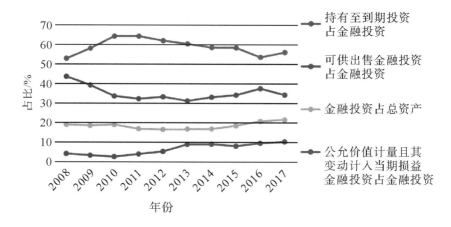

图 4.9　金融投资规模和结构变化趋势

从 2013—2017 年金融投资规模和结构（表 4.14 和图 4.9）可以看出如下变化情况：金融投资规模逐年增加，占比由 16.51% 上升到 21.36%，上升 4.85 个百分点；在结构方面，持有至到期投资占比小幅下降，由 60.24% 减少到 55.83%，下降 4.41 个百分点；可供出售金融资产占比小幅度增加，由 31.03% 增加到 34.10%，上升 3.07 个百分点；公允价值计量且其变动计入当期损益金融资产增加，占比由 8.72% 上升到 10.07%，上升 1.35 个百分点。

三、分析与讨论

结合欧美国家的实践来看，审慎过滤器制度废止后欧美商业银行通过减少可供出售金融资产、增加持有至到期投资来缓解监管资本波动增大的压力，但我国 16 家 A 股上市商业银行在该制度废止后（2013—2017 年）金融投资变化情况与欧美国家相反。通过对审慎过滤器制度的比较分析发现，欧美国家之前实施的是对称性审慎过滤器，而我国实施的是非对称性审慎过滤器，前者将未实现利得和未实现损失均排除在核心资本之外，而后者仅将未实现利得排除在外、未实现损失却要计入核心资本核算。对称性审慎过滤器促使商业银行将更多金融投资划归为可供出售金融资产，因为该操作既不侵蚀核心资本又确保充分的流动性支持；非对称性审慎过滤器则促使商业银行压缩金融投资总体规模同时将更多金融投资划归为持有至到期投资，虽然该操作确保金融投资较少地侵蚀核心资本，但也付出了投资收益减少和流动性支持不足的代价。因此审慎过滤器制度废止后我国商业银行着手恢复金融投资功能：增加投资规模是为了获取更多投资收益，增加可供出售金融资产压缩持有至到期投资是为了获得更多流动性支持。另外，因为公允价值计量且其变动计入当期损益金融资产和可供出售金融资产对核心一级资本影响已无差别，因而前者的增幅明显高于以前，但仍因它直接影响损益而后者仅影响权益而受到区别对待。这也体现了2013—2017 年金融投资变化与审慎过滤器制度废止的直接关系。

观察 2008—2017 年 16 家 A 股上市商业银行整体金融投资调整趋势，前 5 年规模被逐年压缩、结构也被调整，后 5 年规模又被逐年提高、结构再次被调整，呈先抑后扬的 "V" 字形变化趋势，内部结构的调整方向也与前期相反，转折点出现在 2013 年。虽不排除经济周期波动、利率市场化等因素对这一趋势产生的影响，但审慎过滤器制度实施及其废止是影响这一发展趋势的决定性因素，因为金融投资规模整体压缩趋势始于审慎过滤器制度实施之际，而这一趋势在审慎过滤器制度调整之后开始转变方向；更进一步的证据是该制度实施和废止引发金融投资发生方向相反的结构调整。

银行业面临双重监管，两种监管制度变革均影响其金融投资决策，更特殊之处在于这两种制度存在交互影响机制，为商业银行迎合相关制度要求提供了多种可能的套利空间。分析审慎过滤器制度实施和废止引发的国内主要商业银行金融投资行为调整趋势，发现商业银行为迎合监管资本管理需要对金融投资规模和结构做出适应性调整策略，其中一些调整行为可能违背银行业的常规风险管理模式，还有一些行为会虚增核心一级资本、诱发风险隐患。

第四节 资本结构对商业银行资本管理的影响分析

本节主要考察我国商业银行是否存在对一级资本进行调整的行为。

一、制度背景

银行根据监管制度以账面资本中的普通股股东权益（股本、资本公积、盈余公积、一般准备、未分配利润和外币报表折算差额）为起点，调整计算一级资本，该调整可细分为三种类型：①向上监管资本调整，指银行根据监管制度以普通股股东权益为起点增加监管资本的行为；②向下监管资本调整，指银行根据监管制度以普通股股东权益为起点扣除监管资本的行为；③对称监管资本调整，指银行根据监管制度以普通股股东权益为起点，根据情况的不同向上或向下对监管资本进行调整的行为。

2004 年原银监会发布《商业银行资本充足率管理办法》（以下简称《管理办法》），它在 2006 年被修正、2012 年被废止；2012 年颁布《商业银行资本管理办法（试行）》（以下简称《资本办法》）。制度对银行主要一级资本调整过程见表 4.15。

表 4.15 《管理办法》针对一级资本的监管资本调整

	监管资本调整项目	监管资本调整计入说明
向上监管资本调整	少数股东权益	在合并报表中，核心资本的非全资子公司的少数股权是指，子公司净资产和净利润中不以任何直接或间接方式归属于母银行的部分
向下监管资本调整	商誉	扣除 100%
	未并表金融机构资本投资	扣除其 50%
	对非自用不动产、非银行金融机构和企业的资本投资	扣除其 50%

表4.15(续)

	监管资本调整项目	监管资本调整计入说明
对称监管资本调整	留存收益、累计其他综合收益和公开储备	财务并表口径与监管口径下盈余公积、一般风险准备、未分配利润、资本公积、外币报表折算差额的金额差异,若正计入向上监管资本调整,若将负则计入向下监管资本调整

依据《资本办法》商业银行主要一级资本监管资本调整见表4.16。

表4.16　《资本办法》针对一级资本的监管资本调整

	监管资本调整项目	监管资本调整计入说明
向上监管资本调整	少数股东权益可计入核心一级资本部分	附属公司核心一级资本中少数股东资本用于满足核心一级资本最低要求和储备资本要求的部分,可计入并表核心一级资本。最低要求和储备资本要求为以下两项中较低者:①附属公司核心一级资本最低要求加储备资本要求;②母公司并表核心一级资本最低要求与储备资本要求归属于附属公司的部分
	少数股东权益可计入其他一级资本部分	附属公司一级资本中少数股东资本用于满足一级资本最低要求和储备资本要求的部分,扣除已计入并表核心一级资本的部分后,剩余部分可以计入并表其他一级资本
	其他一级资本工具及其溢价	—

表4.16(续)

	监管资本调整项目	监管资本调整计入说明
向下监管资本调整	审慎估值调整	—
	商誉	—
	其他无形资产（土地使用权除外）	扣除递延税负债
	依赖未来盈利的由经营亏损引起的净递延税资产	—
	贷款损失准备缺口	—
	资产证券化销售利得	—
	确定受益类的养老金资产净额	—
	直接或间接持有本银行的股票	—
	自身信用风险变化导致其负债公允价值变化带来的未实现损益	—
	确定受益类的养老金资产净额	扣除递延税项负债
	直接或间接持有本银行的普通股与其他一级资本	—
	银行与银行间，或与其他金融机构间通过协议相互持有的一级资本	—
	对未并表金融机构小额少数资本投资中的一级资本中应扣除金额	—
	对未并表金融机构大额少数资本投资中的一级资本中应扣除金额	—
	抵押贷款服务权	—
	其他依赖于银行未来盈利的净递延税资产中应扣除金额	—
	对未并表金融机构大额少数资本投资中的核心一级资本和其他依赖于银行未来盈利的净递延税资产的未扣除部分超过核心一级资本15%的应扣除金额	其中包含抵押贷款服务权、对金融机构大额少数资本投资、其他依赖于银行未来盈利的净递延税资产这三者中应扣除金额
	对有控制权但不并表的金融机构的一级资本投资	—
	对有控制权但不并表的金融机构的一级资本缺口	—
	其他应在一级资本中扣除的项目合计	—
	应从二级资本中扣除的未扣缺口	—

表4.16(续)

	监管资本调整项目	监管资本调整计入说明
对称监管资本调整	留存收益、累计其他综合收益和公开储备	财务并表口径与监管口径下盈余公积、一般风险准备、未分配利润、资本公积、外币报表折算差额的金额差异，若正计入向上监管资本调整，若为负则计入向下监管资本调整
	对资产负债表中未按公允价值计量的项目进行套期形成的现金流储备	若为正值，应予以扣除；若为负值，应予以加回

二、研究假设

该研究基于理论分析提出了以下假设：

H4.4：银行普通股权益占比低时会更积极地利用监管资本调整调增一级资本。

H4.5：银行普通股权益占比低时会更积极地对一级资本向上监管资本调整。

H4.6：银行普通股权益占比低时会避免对一级资本向下监管资本调整。

资本结构理论认为企业的资本结构偏好会倾向于高杠杆。商业银行多数资金通过债务融资渠道获得，只有少部分权益资金，资本结构的高杠杆倾向更显著。银行对高杠杆的偏好是银行对政府通过隐性担保来补贴高杠杆的政策所做出的反应（Admati，2017）。政府担保会促使银行提高负债比率，进一步推高杠杆倍数。在我国，政府担保这一隐性优待会让商业银行的经济行为中夹杂着道德风险并会削弱对商业银行股东的约束，使得银行更偏向于持有较少的自有资本（梁媛，2002），换言之，银行的最优资本结构很大程度上会受到政府隐性担保行为的影响（张雪丽，2004）。信息不对称带来的逆向选择会增加银行股权筹集资本的成本，促使银行进一步降低权益资本比例。Calomiris等（2004）证明了银行资本紧缩可能是银行为应对信息不对称问题而选择的均衡结果；Bolton 等（2006）验证了关于银行净值的不对称信息会增加外部股权资本成本的结论。代理冲突问题亦会增加权益融资成本。造成管理层与股东之间代理冲突问题的根本原因是信息不对称，这种代理问题会增加发行外部股权的成本。此外银行业务具有流动强、风险高以及不透明等特点，很难通过契约或其他监督手段来确保资金安全，当这些特征与金融市场上出现的泡沫结合在一起时，很容易导致过度冒险的决策，增加筹集股本的成本（Kashyap，2008；Becht et al.，2011）。

综上所述，政府隐性担保、债务补贴以及由信息不对称所带来的逆向选择和代理冲突等因素推高了银行股权资本成本。但在监管资本核算时普通股资本与债务性一级资本等额计入监管资本之中，且债务性一级资本的利息抵税功能使其成本进一步降低，成为普通股资本的低成本替代品，因而发行合格的债务性资本是银行向上监管资本调整的重要工具。由于会计制度与监管制度之间存在差异，银行可以利用会计自由裁量权避免某些监管资本项目的扣除，降低向下的监管资本调整，如推迟确认资产减值损失，使银行在没有支付实际成本的情况下提升资本充足水平。《资本办法》明确规定了银行的最低资本充足率，资本不足的银行将面临监管干预或遭受惩罚甚至被接管，因而为迎合监管要求，在杠杆化程度较高时银行有动机利用监管资本调整来应对去杠杆的成本。

三、研究设计

本书选取 16 家 A 股上市商业银行为样本，收集整理 2009—2018 年年报和半年报相关数据。数据收集和选取逻辑如下：①我国上市商业银行在会计口径和监管口径的报表数据计量上有统一标准且公开披露，相关数据具有权威性和可比性；②选取的样本银行为非单一股权性质银行且总资产占银行业总资产 50% 以上会使研究结果具有代表性；③采集数据的期间是 2009—2018 年，16 家商业银行上市时间大多早于 2009 年，能确保每个银行的样本组完整；④为了使实证结果更具统计意义，收集年报与半年报数据进行实证研究。数据均来自 Wind 数据库、上海交易证券所或深圳交易证券所等权威数据库及网站，其中监管资本调整数据和部分缺失数据从年报和半年报中手工整理获得。

变量选取。被解释变量为一级资本调整水平，分为三个层次：①一级资本调整相对于普通股股东权益的总体监管资本调整；②一级资本调整相对于普通股股东权益向上监管资本调整部分；③一级资本调整相对于普通股股东权益向下监管资本调整部分。解释变量用普通股股东权益占总资产比例作为资本结构的指标，用其倒数作为解释变量进行回归。控制变量选取如下：风险（$\text{Risk}_{i,t}$）代表第 i 家银行第 t 期加权风险资产净额占总资产的比例；规模（$\text{Size}_{i,t}$）取第 i 家银行第 t 期总资产的自然对数；贷款损失准备（$\text{Tier2lla}_{i,t}$）为第 i 家银行第 t 期贷款损失准备金与其平均总资产的比值；融资缺口（$\text{Fundinggap}_{i,t}$）为第 i 家银行第 t 期贷款与存款之间的差额占平均总资产的比值；资产回报率（$\text{ROA}_{i,t}$）为第 i 家银行第 t 期净利润与其总资产的比值；流动资产（$\text{LiquidAsset}_{i,t}$），为第 i 家银行第 t 期现金及存放中央银行款项与存放同业和其他金融机构款项总和与平均总资产的比值；信贷周期（Credit_t）为第 t 期样本银行贷款总额与第 $t-1$ 期样本银行贷款总额的差额与样本银行总资产的比值。

模型构建。依据 Martien（2014）构建以下模型，对我国商业银行资本结构与监管资本调整的关系进行实证检验。

$$\text{YJust}_{i,t} = \beta_0 + \beta_1 \frac{1}{S_{i,t}} + \beta_2 \text{Risk}_{i,t} + \beta_3 \text{Size}_{i,t} + \beta_4 \text{Tier2lla}_{i,t} +$$
$$\beta_5 \text{Fundinggap}_{i,t} + \beta_6 \text{ROA}_{i,t} + \beta_7 \text{LiquidAsset}_{i,t} + \beta_8 \text{Credit}_t +$$
$$\sum \text{Year} + \varepsilon_{i,t} \tag{4.5}$$

$$\text{YAdd}_{i,t} = \beta_0 + \beta_1 \frac{1}{S_{i,t}} + \beta_2 \text{Risk}_{i,t} + \beta_3 \text{Size}_{i,t} + \beta_4 \text{Tier2lla}_{i,t} +$$
$$\beta_5 \text{Fundinggap}_{i,t} + \beta_6 \text{ROA}_{i,t} + \beta_7 \text{LiquidAsset}_{i,t} + \beta_8 \text{Credit}_t +$$
$$\sum \text{Year} + \varepsilon_{i,t} \tag{4.6}$$

$$YDeduct_{i,t} = \beta_0 + \beta_1 \frac{1}{S_{i,t}} + \beta_2 Risk_{i,t} + \beta_3 Size_{i,t} + \beta_4 Tier2lla_{i,t} +$$

$$\beta_5 Fundinggap_{i,t} + \beta_6 ROA_{i,t} + \beta_7 LiquidAsset_{i,t}$$

$$+ \beta_8 Credit_t + \sum Year + \varepsilon_{i,t} \qquad (4.7)$$

四、实证检验与结果分析

(一) 描述性统计

表 4.17 为主要实证回归变量的描述性统计结果。总体监管资本调整分布在 -102.1~145.7 个基点,均值为 5.619 个基点。向上监管资本调整最大达到 148.054 个基点(宁波银行 2018 年年末),均值为 25.4 个基点。向下监管资本调整最多达到 -107.867 个基点(南京银行 2012 年上半年),均值为 -20.2 个基点。普通股股东权益占平均总资产的比例为 3.6%~9.0%,均值为 6.3%。加权风险资产净额占总资产的比例为 47.3%~78.1%,均值为 62.4%。贷款减值准备占平均总资产比例为 0.6%~2.9%,均值为 1.3%。融资缺口占比为 -19.4%~5.2%,均值为 -19.1%。资产回报率为 0.337%~1.475%,均值为 0.852%。流动资产占比为 7.3%~30.8%,均值为 16.6%。信贷周期为 3.1%~11.1%,均值为 6.2%。

表 4.17 实证主要变量的描述性统计

变量	样本	均值	最小值	中位数	最大值	标准差
YJust/bp	298	5.619	-102.100	0.813	145.700	42.300
YAdd/bp	290	25.400	0.000	8.493	148.054	30.300
YDeduct/bp	290	-20.200	-107.867	-7.691	-4.350e-03	23.864
1/S	298	15.250	11.088	16.060	27.918	2.413
S	298	0.063	0.036	0.062	0.090	0.008
Risk	298	0.624	0.473	0.618	0.781	0.061
Size	298	28.878	25.662	28.891	30.945	1.196
Tier2lla	298	0.013	0.006	0.013	0.029	0.003

表4.17(续)

变量	样本	均值	最小值	中位数	最大值	标准差
Fundinggap	298	−0.191	−0.194	−0.417	0.052	0.085
ROA/%	298	0.852	0.337	0.810	1.475	0.286
Liquidasset	298	0.166	0.073	0.165	0.308	0.044
Credit	298	0.062	0.031	0.068	0.111	0.021

注：表中 YJust、YAdd 和 YDduct 以基点（bp）为计量单位，1 个基点等于 0.01%。后面表格亦有相同情况，不再一一赘述。

从表 4.18 可以看出 2009—2018 年，随着时间的推移普通股股东权益占比总体趋势是上升的，从 4.396% 上升到了 6.887%。一级资本的数量也在稳步提升，其占总资产的比率从 5.05% 上升到了 7.387%。这与近年来我国银行业加强资本监管是分不开的。同时可以发现，2013 年前监管资本调整主要以扣除为主，2013 年《资本办法》实施后银行其他一级资本工具在监管资本中占比逐步增加。《资本办法》带来的监管压力也让银行的扣除幅度较前几年大大减少。商业银行的经营业绩表现出先上升后下降的趋势，但总体较为平稳。2013 年资本监管政策的调整促使该年加权风险资产净额占比明显上升，随后几年虽有回落但于 2018 年又有回升。近年来，商业银行规模持续扩张，银行平均资产上升到了十年前的三倍。

表 4.18 部分变量随着时间推移的描述性统计

年份	Equity/A /%	Tier1/A /%	YJust /bp	YAdd /bp	YDeduct /bp	Roa /%	Risk /%	Total Asset
2009	4.396	5.050	−35.112	5.154	−42.266	1.036	57.286	3.140e+12
2010	5.692	5.412	−28.962	4.842	−35.366	1.084	57.686	3.990e+12
2011	5.969	5.612	−37.381	5.042	−42.423	1.208	59.147	4.660e+12
2012	5.989	5.661	−33.370	4.945	−38.315	1.224	57.469	4.370e+12
2013	5.116	6.065	−4.216	5.096	−11.190	1.200	65.598	5.950e+12
2014	5.364	5.417	5.528	13.198	−10.055	1.170	65.765	6.610e+12
2015	5.434	6.698	27.320	35.363	−9.042	1.066	64.655	7.430e+12
2016	5.128	6.599	48.422	58.330	−9.909	0.961	63.174	8.40e+12

表4.18(续)

年份	Equity/A /%	Tier1/A /%	YJust /bp	YAdd /bp	YDeduct /bp	Roa /%	Risk /%	Total Asset
2017	5.478	6.961	48.907	60.420	−11.513	0.917	65.691	8.910e+12
2018	6.887	7.387	50.777	62.739	−11.962	0.923	67.523	9.470e+12

注：Equity/A 为以总资产为标准的普通股股东权益；Tier1/A 为以总资产为标准的一级资本。YJust 为总体监管资本调整；YAdd 为向上监管资本调整；YDeduct 为向下监管资本调整；Risk 为加权风险资产。以上4项以平均总资产为标准做描述性统计。以上均为样本银行的均值。

《资本办法》（2013 实施）将优先股、永续债等符合条件的一级资本工具计入其他一级资本。由表 4.19 可见，自 2014 年起商业银行开始发行优先股作为普通股的替代资本工具来补充资本。2014—2018 年优先股发行的数额占比提升幅度较大，从占平均总资产的 9.772 个基点上升到了 57.22 个基点。自 2014 年以来优先股成为商业银行资本补充的一个重要工具。对比表 4.19 数据可以看出，商业银行对一级资本的向上调整有八九成依赖于优先股的发行。由于 2013 年监管资本压力加大，少数股东权益计入一级资本部分占比在当年有所上升。由于《资本办法》对可计入核心一级资本以及核心一级资本的少数股东权益做了限制，随着时间的推移少数股东权益计入一级资本部分占比有所下降，但降幅较小。商誉、未合并权益投资、储备差异等扣除均因 2013 年资本压力的加大而有明显下降。无形资产的具体扣除数额在 2013 年前的财报并无具体披露，故此处也未能统计。但可以看出，2013 年前储备差异在扣除项中占较大比例。《资本办法》实施后，商誉、无形资产、对有控制权但不并表的金融机构的一级资本投资以及储备差异成了主要的扣除项，且商誉占了较高比例。

表 4.19　部分监管资本调整变量随着时间推移的描述性统计

年份	Preferred /bp	Mini in Core /bp	Mini in Other /bp	Good Will /bp	Intangible /bp	UEI /bp	UFI /bp	Reserve /bp
2009	0	5.154	0	−4.192	—	−17.177	—	−27.569
2010	0	4.539	0	−4.062	—	−9.392	—	−22.202
2011	0	5.042	0	−8.380	—	−7.778	—	−30.602

表4.19(续)

年份	Preferred /bp	Mini in Core /bp	Mini in Other /bp	Good Will /bp	Intangible /bp	UEI /bp	UFI /bp	Reserve /bp
2012	0	4.945	0	−5.327	—	−7.972	—	−27.602
2013	0	4.292	0.798	−5.029	−3.342	—	−2.535	−2.206
2014	9.772	4.579	0.416	−4.32	−2.932	—	−2.616	−2.592
2015	31.939	3.645	0.492	−3.788	−2.551	—	−2.54	−2.663
2016	53.78	3.413	0.873	−4.217	−2.68	—	−2.506	−3.171
2017	54.882	3.432	0.615	−3.881	−2.825	—	−2.437	−3.044
2018	57.22	3.587	0.855	−3.683	−2.986	—	−3.086	−3.257

注：Preferred 为增发的优先股，为正值；Mini in Core 为核心一级资本内的少数股权部分，其中 2013 年前为计入核心资本部分，为正值；Mini in Other 为其他一级资本内的少数股权部分，为正值；Good Will 为扣除的商誉部分，为负值；Intangible 为扣除的无形资产（土地使用权除外，扣除递延所得税负债）为负值；UEI 为核心资本扣除的未合并权益投资部分，为负值；UFI 为一级资本扣除的对有控制权但不并表的金融机构的一级资本投资部分，为负值；Reserve 为监管并表与财务并表差异所产生的储备数额差异（包含留存收益、累计其他综合收益和公开储备），正值则为差异导致监管并表数据增加部分，负值则为差异导致监管并表下降部分。以上均以平均总资产为标准进行描述性统计。以上均为样本银行的均值。

（二）实证结果分析

表4.20 列示了总体监管资本调整和资本结构之间关系的实证结果。列（1）为单变量回归结果，列（2）为多元回归结果，即模型4.5 的实证结果，其1/S 的系数均在1% 的统计水平上显著为正，验证了假设4.4。其中多变量回归中1/S 的系数意义为：在普通股股东权益占比为5% 的情况下，应将5 个基点（1 个基点等于0.01%，即 0.000 5×10 000）除以5%，以计算一级资本相对于平均总资产增加的基点数量，即100 个基点（5/0.05 = 100）。在普通股股东权益比率为10% 的情况下，增加了50 个基点。

表 4.20 总体监管资本调整情况

变量	(1) YJust	(2) YJust
1/S	0.000 4 *** (5.16)	0.000 5 *** (5.47)
Risk	—	0.016 0 *** (4.11)
Size	—	−0.000 3 ** (−2.16)
Tier2lla	—	−0.068 4 (−1.28)
FundingGap	—	0.000 2 (0.06)
ROA	—	0.002 2 (1.48)
Liquidasset	—	0.021 8 *** (3.92)
Credit	—	−0.374 0 *** (−10.08)
Constant	−0.011 7 *** (−7.89)	0.007 1 (1.29)
Observations	298	298
Year	Yes	Yes
Adj R^2	0.624 7	0.682 1

注:*** 、** 和 * 分别表示在 1%、5% 和 10% 的统计水平上显著。

在控制变量方面,风险系数显著为正,证实了研究预期,即风险较高的商业银行会依赖监管资本调整来增加资本。规模系数表明,规模较大的商业银行会进行更多的监管资本调整,进行更多的一级资本的扣除。流动资产系数显著为正,说明持有现金较多、流动性较高的商业银行会进行更积极的监管资本调整。信贷周期的系数显著为负,说明在信贷扩张时期商业银行对资本进行了更多的扣除。

表 4.21 列示了向上监管资本调整和资本结构之间关系的实证回归结

果。向上监管资本调整根据表 4.19 与表 4.20 所列示的项目进行计量。同时，向上监管资本调整包括对称调整增加一级资本数额的部分。列（1）为单变量回归结果，列（2）为多元回归结果，即模型 4.2 的实证结果，其 1/S 的系数均显著为正，验证了假设 4.5，即在普通股股东权益比率较低时商业银行会更积极地利用向上监管资本调整来调增一级资本。在控制变量方面：风险系数显著为正，说明风险较高的商业银行会更依赖向上监管资本调整来增加一级资本。流动资产系数显著为正，说明持有现金较多的银行会进行更多的向上监管资本调整。信贷周期系数显著为负，说明在信贷扩张时期，商业银行较少依赖向上监管资本调整，而在信贷缩减时期会更依赖资本的调增。

表 4.21　向上监管调整的实证结果

变量	（1） YAdd	（2） YAdd
1/S	0.000 1 ** （2.33）	0.000 2 *** （2.62）
Risk	—	0.010 9 *** （4.48）
Size	—	−0.000 1 （−0.17）
Tier2lla	—	−0.065 5 （−1.58）
FundingGap	—	−0.002 7 （−1.37）
ROA	—	0.000 7 （0.61）
Liquidasset	—	0.008 6 ** （1.99）
Credit	—	−0.211 0 *** （−7.38）
Constant	−0.001 6 （−1.50）	0.004 4 （1.03）
Observations	290	290

表4.21(续)

变量	（1） YAdd	（2） YAdd
Year	Yes	Yes
Adj R^2	0.600 9	0.631 6

注：***、** 和 * 分别代表在1%、5%和10%的统计水平上显著。

表4.22列示了向下监管资本调整和资本结构之间关系的实证回归结果。向下监管资本调整根据表4.19与表4.20所列示的项目进行计量。同时，向下监管资本调整包括对称调整扣除一级资本数额的部分。列（1）为单变量回归结果，列（2）为多元回归结果，即模型4.7的实证结果，其1/S的系数均在1%的统计水平上显著为正，验证了假设4.6，即在普通股股东权益比率较低时，商业银行会避免向下的监管资本调整以此来减少一级资本的扣除。在控制变量方面：风险系数显著为正，证实了研究预期，即风险较高的商业银行会依赖监管资本调整来减少资本的扣除。规模系数依旧为负，说明规模较大的银行会进行更多的扣除。流动资产的系数为正，说明持有现金等流动性资产较多的商业银行会倾向于避免扣除。信贷周期的系数显著为负，说明在信贷扩张时期商业银行对银行资本进行了更多的扣除。

表4.22　向下监管调整的实证结果

变量	（1） YDeduct	（2） YDeduct
1/S	0.000 3 *** (5.60)	0.000 4 *** (5.40)
Risk	—	0.004 8 * (1.89)
Size	—	−0.000 3 ** (−2.47)
Tier2lla	—	−0.009 4 (−0.22)
FundingGap	—	0.002 8 (1.37)

表4. 22(续)

变量	（1）YDeduct	（2）YDeduct
ROA	—	0.001 5 (1.21)
Liquidasset	—	0.014 2*** (3.14)
Credit	—	−0.166 4*** (−5.55)
Constant	−0.009 9*** (−8.67)	0.003 1 (0.68)
Observations	290	290
Year	Yes	Yes
Adj R²	0.309 6	0.351 4

注：***、** 和 * 分别代表在 1%、5% 和 10% 的统计水平上显著。

（三）进一步分析

H4.7：商业银行在普通股股东权益占比较低时，主要通过增发优先股的方式进行向上监管资本调整。

H4.8：商业银行在普通股股东权益占比较低时，主要通过降低商誉的金额来避免向下监管资本调整。

（前文的分析和检验发现，银行在普通股股东权益占比较低时会利用监管资本调整来积极地调增一级监管资本，主要表现为积极增加向上监管资本调整并避免扣除。那么银行主要通过什么方式来进行监管资本调整？依据表4.19描述性统计分析可得，商业银行在向上监管资本调整的比例中，优先股占据了大部分；在向下监管资本调整的比例中，商誉占近三分之一。）

依据 Martien（2014）构建以下模型，对假设 H4.7 和 H4.8 进行实证检验。

$$\text{Preferred}_{i, t} = \beta_0 + \beta_1 \frac{1}{S_{i, t}} + \beta_2 \text{Risk}_{i, t} + \beta_3 \text{Size}_{i, t} + \beta_4 \text{Tier2lla}_{i, t} +$$
$$\beta_5 \text{Fundinggap}_{i, t} + \beta_6 \text{ROA}_{i, t} + \beta_7 \text{LiquidAsset}_{i, t} +$$
$$\beta_8 \text{Credit}_t + \sum \text{Year} + \varepsilon_{i, t} \tag{4.8}$$

$$YAdd_{i,t} = \beta_0 + \beta_1 \frac{1}{S_{i,t}} + \beta_2 Preferred_{i,t} + \beta_3 Risk_{i,t} + \beta_4 Size_{i,t} +$$

$$\beta_5 Tier2lla_{i,t} + \beta_6 Fundinggap_{i,t} + \beta_7 ROA_{i,t} +$$

$$\beta_8 LiquidAsset_{i,t} + \beta_9 Credit_t + \sum Year + \varepsilon_{i,t} \qquad (4.9)$$

$$Goodwill_{i,t} = \beta_0 + \beta_1 \frac{1}{S_{i,t}} + \beta_2 Risk_{i,t} + \beta_3 Size_{i,t} + \beta_4 Tier2lla_{i,t} +$$

$$\beta_5 Fundinggap_{i,t} + \beta_6 ROA_{i,t} + \beta_7 LiquidAsset_{i,t} +$$

$$\beta_8 Credit_t + \sum Year + \varepsilon_{i,t} \qquad (4.10)$$

$$YDeduct_{i,t} = \beta_0 + \beta_1 \frac{1}{S_{i,t}} + \beta_2 Goodwill_{i,t} + \beta_3 Risk_{i,t} + \beta_4 Size_{i,t} +$$

$$\beta_5 Tier2lla_{i,t} + \beta_6 Fundinggap_{i,t} + \beta_7 ROA_{i,t} +$$

$$\beta_8 LiquidAsset_{i,t} + \beta_9 Credit_t + \sum Year + \varepsilon_{i,t} \qquad (4.11)$$

其中，Preferred 为一级资本向上监管调整所增发的优先股所占平均总资产的比率，为正值；Goodwill 为一级资本向下监管调整而扣除的商誉部分所占平均总资产的比率，为负值。

实证结果如表 4.23 所示。列（1）为模型 4.8 的回归结果，列（2）为模型 4.9 的回归结果。依据表 4.21 的回归结果，银行资本结构对向上监管资本调整的影响在 1% 的水平上显著。依据表 4.23，银行资本结构对通过增发优先股方式的向上监管资本调整的影响在 1% 的水平上显著；在控制银行资本结构的情况下，增发优先股的调整方式对总体向上监管资本调整的影响也在 1% 的水平上显著。由此可知，银行在普通股股东权益占比较低时主要通过增发优先股的方式进行向上监管资本调整，增加一级资本，验证了假设 4.7。

表 4.23　向上监管资本调整进一步分析实证回归结果

变量	（1） Preferred	（2） YAdd
1/S	0.000 2 *** (3.12)	−7.990 0e−06 (−0.33)

表4.23(续)

变量	(1) Preferred	(2) YAdd
Preferred	—	1.023 0 *** (39.38)
Risk	0.006 2 *** (2.81)	0.004 9 *** (4.25)
Size	−0.000 2 ** (−2.15)	0.000 2 *** (4.74)
Tier2lla	0.006 4 (0.17)	−0.066 8 *** (−4.24)
FundingGap	−0.002 1 (−1.18)	−0.000 6 (−0.79)
ROA	0.000 2 (0.22)	0.000 6 (1.28)
Liquidasset	0.005 8 (1.48)	0.002 1 (1.28)
Credit	−0.216 0 *** (−8.34)	0.011 7 (0.95)
Constant	0.012 7 *** (3.29)	−0.009 1 *** (−5.45)
Observations	298	290
Year	Yes	Yes
Adj R^2	0.670 1	0.946 4

注：*** 、** 和 * 分别代表在 1%、5% 和 10% 的统计水平上显著。

实证结果如表4.24所示。列（1）为模型4.10的回归结果，列（2）为模型4.11的回归结果。依据表4.22的回归结果，商业银行资本结构对向下监管资本调整的影响在1%的水平上显著。依据表4.24，商业银行资本结构对通过减少商誉金额方式的向下监管资本调整的影响在1%的水平上显著；在控制银行资本结构的情况下，减少商誉金额的方式对总体向下监管资本调整的影响也在1%的水平上显著。由此可知，银行在普通股股东权益占比较低时，会通过减少商誉的金额来避免一级资本的扣除，验证了假设4.8。

表 4.24　向下监管资本调整进一步分析实证回归结果

变量	(1) Goodwill	(2) YDeduct
1/S	0.000 1* (1.86)	0.000 3*** (5.44)
Goodwill	—	1.130 0*** (13.27)
Risk	0.002 6* (1.87)	0.001 8 (0.93)
Size	−0.000 1 (−0.64)	−0.000 3*** (−2.74)
Tier2lla	−0.023 0 (−0.96)	0.018 5 (0.55)
FundingGap	−0.000 6 (−0.53)	0.003 4** (2.19)
ROA	0.001 2* (1.81)	0.000 1 (0.11)
Liquidasset	0.010 3*** (4.11)	0.002 6 (0.71)
Credit	−0.038 3** (−2.30)	−0.123 0*** (−4.24)
Constant	−0.002 3 (−0.92)	0.005 8* (1.66)
Observations	297	289
Year	Yes	Yes
Adj R²	0.096 3	0.610 1

注：***、** 和 * 分别代表在 1%、5% 和 10% 的统计水平上显著。

五、研究发现

本书以我国 16 家 A 股上市银行 2009—2018 年年报与半年报数据为样本，实证检验了商业银行资本结构与监管资本调整的关系。研究结果表明，监管资本调整程度在样本银行中分布不均；与普通股东权益相比，监管资本调整使一级资本增加（减少）至总资产的 145 个基点（102 个基点）。高杠杆、低权益的银行受益于监管资本调整，报告的一级监管资本数额超过普通股东权益，说明其会依靠监管资本调整来提高一级资本充足率；相对于杠杆较低的银行，这类银行会更积极地管理监管资本的结构；这类银行避免资本扣除，同时发行其他一级资本工具来代替成本高昂的普通股股票；这类银行还会倾向于利用会计处理来增加一级资本。这也验证了 Admati 等（2013）的研究结论，即去杠杆化成本高昂，发行普通股股票对低偿债能力的银行是没有吸引力的，因此这些银行会依赖监管资本调整来增加一级资本。低杠杆、高权益的银行利用监管资本调整来增加资本的现象就不那么普遍了，这些银行使用向下监管资本调整的概率相对较高。研究还发现，在向上监管资本调整的手段中，商业银行主要是通过增发优先股来调增一级资本；在向下监管资本调整的手段中，商业银行主要通过减少商誉的计量来避免一级资本的扣除。

会计监管与金融

行业监管行为篇

第五章　会计监管与金融行业监管行为理论

第一节　概述

监管行为和监管制度之间存在关联关系。一方面，监管制度指导监管行为，监管制度是实施监管行为的依据，监管行为是对制度的落实，是确保制度执行、矫正制度失灵或者纠偏的一种安排；另一方面，监管制度是监管目标的意思表达，监管制度本身是监管行为的一部分。

监管行为与商业银行会计行为之间存在关联关系。监管行为是影响会计行为的一个重要因素，具有动态调整功能。当商业银行会计行为不符合监管规定时，监管机构会通过监管行为矫正商业银行相关行为，或者默许/宽容相关行为。在双重监管主体同时作用于商业银行的情况下，金融行业监管、会计监管和商业银行三者之间会互相影响。金融行业监管与会计监管之间的互动，导致双重监管的监管行为比单一监管行为更加复杂多样。双重监管行为与商业银行会计行为之间的互动，对商业银行会计行为的影响程度也大。

从研究上看，当前关于会计行为的研究，通常会充分考虑监管制度背景，但往往假设监管行为是不变量，事实上，监管制度是静态的，监管行为是动态的。当前关于监管问题的研究（尤其是金融行业监管），主要集中在监管存在的必要性、监管的演变、监管政策的经济后果、监管优化等方面。由于监管行为不易观察，缺乏可供搜集的数据，研究监管行为的难度较大。目前主要有两种研究方式：一种是应用博弈论相关理论和模型，推理分析监管的行为动态；另一种是在对监管行为观察总结的基础上，进行理论分析。

本章具体分析的是，商业银行在双重监管下仍能进行会计操纵而未受到及时制止，除了商业银行的会计行为外，监管行为是否存在问题？监管行为与会计信息究竟有什么关联？为什么双重监管并未使监管总是更加有效？究竟有哪些监管行为问题值得关注？这些现象和行为背后的逻辑是什么？这对于我们研究会计问题可以提供什么启示？我们如何借助双重监管行为视角，辩证看待双重监管关系和有效处理监管关系？从纯研究的角度看，本章在研究内容、研究范式上都是尝试性的，通过观察、描述并进行学理分析，对现有理论有所补充，同时也为后续的双重监管关系分析作铺垫。

本章所讨论的双重监管行为是金融行业监管主体和会计监管主体在一定条件下实施的监管行为。这种行为具有广义上的概念，可能是某个监管主体的具体行为，也可能是两个监管主体之间的行为关系。通过对现实世界的观察，如果针对商业银行的监管只有某一种监管主体（不因同时作用于商业银行而产生关联），可能不会产生这样的监管行为。因此，本书所分析的监管行为通常存在于双重监管之间，属于双重监管引发的一些现象。由于可观察到的现象较多，本书重点分析和描述三种监管行为：监管冲突、监管宽容以及监管便车。

"监管冲突"的定义。冲突（conflict）可理解为，主体与主体之间因为互不相容的目标，引起不一致或者对立的一种状态。监管冲突存在于双重监管主体之间，与双重监管主体之间的差异、分歧相关，冲突往往是差异或分歧的一种极端表现形式。本书所称的"监管冲突"，就是指两个监管主体在实施监管过程中所存在/发生的冲突。

"监管宽容"的定义。在以往的研究中，通常所称的监管宽容是金融行业监管的宽容，是指金融行业监管机构允许相关监管指标低于法定标准的银行继续经营，期望它们能完善管理、提升业绩并在宏观经济向好的背景下修正相关问题，重新将相关监管指标恢复到法定标准的过程。会计监管主体的监管宽容也客观存在，但不是存在于商业银行的特有现象。监管宽容行为往往单独存在于某个监管机构，但可能会因双重监管的存在而加剧。

"监管便车"的定义。"搭便车"是指经济中某个体消费的资源超出它的公允份额，或承担的生产成本少于该个体应承担的公允份额，很大程度上与缺乏产权界定或产权配置的无效率有关。本书所称的监管便车，主要是指双重监管主体在实施监管的过程中，在如何加强监管、提升会计信息质量等方面存在着"搭便车"的行为，造成对监管效率的影响。

第二节 会计监管与金融行业监管冲突

一、监管冲突的特征

基于监管冲突的历史观察和总结，双重监管冲突并不总会发生，并具有以下特征：一是双重监管冲突蕴含在双重监管的制度之中，二是双重监管冲突通过监管行为表现出来，三是双重监管为冲突寻求解决之道的时点往往是在商业银行出现问题或发生经济/金融危机之后。

其一，双重监管冲突蕴含在制度中。如前所述，仍以拨备计提制度为例，无论是国外的会计监管部门还是我国的会计监管部门，都曾反复专门讨论并认为，拨备计提在会计上应使用已发生损失模型而不使用预期损失模型，但是金融行业监管强烈要求使用预期损失模型。使用已发生损失模型不符合金融行业监管理念，使用预期损失模型不符合原有的会计监管理念，无论何种模型都蕴含着可能诱发冲突的因素。在制度制定过程中，双重监管都寄希望于通过影响对方或者干预对方，进而影响监管制度制定并最终影响监管结果，所以制度制定过程中蕴含着冲突。当然，在现实中主要体现为金融行业监管对会计监管的干预，可以说，任何其他行业监管机构对会计准则制订问题的关注度都不如金融行业监管。

其二，双重监管冲突在监管行为中表现出来。监管制度并不必然被遵循，监管主体的监管行动是维护监管制度被遵循的一种方式。由于双重监管制度、理念本来存在差异，一旦双重监管一方或双方不接受其制度中蕴含着的差异，并在某个监管行动中体现出来，就会导致冲突。如前所述，仍以公允价值应用为例，2010 年 FASB 不顾金融界对公允价值会计的激烈批评，发布会计准则征求意见稿《金融工具会计、衍生工具和套期活动会计修订》试图进一步扩大公允价值计量应用，尤其是提出了对持有至到期证券和投资型贷款等先前按摊余成本计量的金融工具进行双重计量的建议，即同时列示按公允价值计量的金额和按摊余成本计量的金额，导致 FASB 主席 Herz 被迫辞职，征求意见稿也因此流产。再如第六章将分析的案例，Suntrust 银行拨备计提引发了双重监管采取不同行动，这些事例都说明了双重监管冲突在监管行为中表现出来。

其三，在商业银行出现问题或发生经济/金融危机之后，双重监管最急于为监管冲突寻求解决之道。比如金融危机之后，在世界范围内，银行会计监管与金融行业监管冲突问题引起 G20 高度关注。在美国，公允价值会计问题成为会计监管与金融行业监管冲突的核心问题，被最高权力机构美国国会以法律条文形式写入《美国紧急经济稳定法案》，将次贷危机爆发以来愈演愈烈的公允价值会计争论推上高潮。在欧盟，金融监管机构认为，IAS39 与美国一般公认会计原则（GAAP）在金融资产重分类问题上的差异使欧盟金融机构处于不利境地，强烈要求 IASB 尽快做出修订。

二、监管冲突的原因

监管差异是不同监管主体之间存在的区别和不同。双重监管主体之间在监管目标、监管制度和机制、监管方式等方面存在诸多明显差异。如本书第二章分析，金融行业监管基于凯恩斯的国家干预主义理论，证券市场监管（会计监管）基于亚当·斯密的自由市场经济理论，即双重监管存在理论基础上的差异。理论差异进一步导致双重监管主体对自身的目标定位也存在差异，金融行业监管的主要目标是加强银行系统稳定与安全，会计监管的主要目标是保护投资者，这些差异直接体现在双重监管制度中。监管立场定位和监管目标互为因果、相互影响，双重监管的立场定位存在差异，金融行业监管将自身视为"利益相关者"，会计监管将自身视为"中立者"。另外，双重监管行为实施过程中的权力存在差异，金融行业监管更加强势，金融行业监管是先天的、天然的。双重监管差异还尤其体现在对待风险的态度上。

差异是一种客观存在的状态，表现为不同主体之间的不同之处。但是，差异并不必然导致互相对立、互相排斥，前提条件是当不同主体存在着相互依存的必然联系时，差异才可能导致冲突。冲突是矛盾的一种剧烈表现形式。事物的矛盾呈现不同的状态和阶段，不同主体之间的关系从最初的差异、分歧走向冲突，是双重监管关系的不同状态和不同阶段。可以理解为，差异是事物内部包含着的没有激化的矛盾，差异是潜伏着冲突的一种状态，当差异形成的矛盾相互作用且不可调和时，就会导致冲突行为的发生。金融行业监管和会计监管同时作用于商业银行，监管过程中都需要运用会计数据，监管效率都受到商业银行会计行为的影响，成为导致双重监管之间存在冲突的必要条件。

三、监管冲突的后果

从监管效率角度来看，监管冲突的存在会拓宽商业银行会计自由裁量空间，导致商业银行很容易为自己的行为找到监管依据并实施会计机会主义行为，而商业银行的机会主义行为往往会加剧风险，进一步导致监管的低效率。例如，在拨备计提中，商业银行选择最有利于自身的拨备计提数量，如大量计提拨备，是符合金融行业监管的监管导向的，但是在会计监管看来有隐藏利润之嫌，被认为牺牲了会计监管的目标，反之亦然。某一监管机构可能会因为商业银行计提的额度不符合其监管思路而选择采取监管行动，在双重监管存在差异的情况下，双重监管很难对商业银行拨备计提结果达成一致意见，而对结果的不一致意见又会促使双重监管冲突升级。

双重监管之间的冲突不可能长期存在，出于解决问题或是政治考量，会针对监管冲突提出解决方案。解决的方式主要有两种：一种是双重监管之间彻底"脱钩"，不产生交集便可以在一定程度上避免冲突；另一种是冲突双方或者一方做出妥协，缓解双重监管之间的矛盾。无论哪一种解决方式都存在后果，这也是处理双重监管关系需要考虑的问题。双重监管之间"脱钩"，比如审慎过滤器的运用，是一种监管制度上的替代，是一种脱钩/分歧，但是检验发现这种脱钩是存在后果的。采取妥协的情况，在现实中主要以会计监管妥协为主，比如会计准则的制定受到金融行业监管机构干预，但金融行业监管规则很少受到会计监管机构干预。而如果双方都妥协就是一种"协调"。正是因为解决冲突也存在后果，导致冲突长期以来客观存在，并且冲突程度在不同时期发生变化，冲突并不容易妥善解决。结合前文分析，协调可能是更值得讨论的话题。

第三节　金融行业监管宽容与会计监管宽容

一、监管宽容的种类和特征

金融行业监管宽容是监管宽容的主要形式。金融行业监管视角的宽容是指允许相关监管指标低于法定标准的银行继续经营，期望它们能完善管理、提升业绩并在宏观经济向好的背景下修正相关问题，重新将相关监管指标恢复到法定标准的过程；在实务操作中资本监管是金融行业监管的核心，因此监管宽容也一般被理解为金融行业监管机构允许监管资本不足的银行继续经营，期望它们有时间恢复到法定监管资本水平的过程。而会计监管视角的宽容体现为两种：一种是会计监管（主动或者被动）配合金融行业监管，允许商业银行进行会计政策调整以满足资本监管的要求；另一种是会计监管不查处会计信息质量存在问题的银行，允许其继续经营。

在没有监管宽容的情况下，如果银行的监管资本水平或其他监管指标低于法定标准，按照相关法规，金融行业监管机构应立即对它们采取相应监管措施（有些指标也会引致会计监管采取相应措施），如限制某些经营活动、禁止派发股利、更换管理层，甚至接管银行等，而这些监管措施势必对这些问题银行构成致命打击，致使相关市场、客户和交易对手排斥、撤资或终止交易，促使这些银行经营迅速恶化直至倒闭。因此，监管宽容是金融行业监管机构允许（从法规角度判断）已经出现问题的银行继续在相应市场上经营的行为，是将问题银行粉饰为正常银行的一种操作行为。

美国主要金融行业监管机构之一的联邦存款保险公司（FDIC，1997）根据被宽容对象的数量，将监管宽容划分为"个案宽容""类别宽容"和"批发宽容"三类。

"个案宽容"是监管机构针对零星出现的问题银行所实施的监管宽容行为。例如 FDIC（1997）坦言它经常对资本充足水平低于监管要求的个案银行推迟实施监管措施，给予银行缓冲时间以补充资本，并指出这是一种重要的监管工具。在英国也出现了类似的情况，David（2009）发现英格兰银行和英国金融服务局早在一年前就发现北岩银行过度依赖金融市场批发融资容易产生流动性风险的问题，但未对其采取任何监管措施，而是选择实施监管个案宽容，致使该银行在 2007 年 9 月遭遇了挤兑危机。Jonathan（2011）研究发现，在 2008 年全球金融危机期间美国证券交易委员会（SEC）对其所监管的投资银行实施了个案宽容，因为虽然 SEC 早在 2007 年年初就发现了雷曼兄弟的诸多问题但未对其实施任何监管措施。

类别宽容是指监管机构（金融行业监管为主）对某类银行集体实施的监管宽容行为。20 世纪 80 年代美国爆发的"储贷危机"中出现了类别宽容的典型案例。商业银行通过储蓄账户和其他短期债务筹集资金，将其以长期（如 30 年）固定利率抵押贷款的形式发放给购买居住性房地产的借款人。对银行而言，如果固定利率抵押贷款收益高于吸收存款或其他短期债务所发生的资金成本，就会有盈余，反之则发生亏损。因而市场利率变动风险是银行面对的最主要风险。如果存款或其他短期债务的资金成本高于固定利率贷款的收益，则银行必然亏损，因为贷款收益是长期锁定不变的。另外，如果市场利率上升，银行以前所发放的抵押贷款的市场价值也随之下降，因为市场会使用当前的市场利率（而不是贷款发放时的市场利率）的现金流入贴现这些贷款。20 世纪 70 年代末至 80 年代初的美国，受通货膨胀影响，市场利率逐年攀升，储蓄或短期债务融资的资金成本由 7% 上升到 11%（Salam，1994）。许多银行为吸收存款而支付的利息高于从固定利率抵押贷款所获得的利息收入，银行面临出售贷款或继续持有的两难选择：如果出售这些抵押贷款，银行将蒙受更大的损失，因为利率提高使这些贷款的市场价格已大大缩水，一些银行只好继续持有抵押贷款，但所持抵押贷款的市场价值已低于其债务的市场价值，它们事实上已资不抵债。为应对银行集体所面临的致命问题，该类银行的金融行业监管机构"联邦储贷保险公司"（FSLIC）实施了一系列集体宽容措施：①允许银行使用历史成本核算其贷款资产，不必确认利率上升引发的损失；②将该类银行的权益净值要求由 5% 下调至 3%，避免过多银行因经营恶化而触发监管干预；③允许对资产减值损失进行摊销处理而不是在当年立即确认，避免银行收益指标迅速恶化；④允许银行将短期负债重分类至备低资产账户，避免其资产负债比率进一步恶化。通过上述集体宽容措施，许多资不抵债和资本不足银行的财务报告和财务指标被人为地粉饰和美化为具有偿债能力并且资本充足，从而暂时地避免了遭遇监管干预或者倒闭的境遇。

批发宽容是指监管机构（金融行业监管为主）对所有银行甚至部分依靠贷款融资的大型实体企业实施的监管宽容行为。在 20 世纪 90 年代日本房产泡沫破裂后，日本政府对银行和部分大型企业所实施的监管宽容就属于批发宽容。具体案例在下一章分析。

观察欧美国家和日本的监管宽容案例，我们发现监管宽容出现的时间窗口有如下基本规律：个案宽容一般出现在金融或经济危机前期，而类别宽容和批发宽容通常出现在金融或经济危机的中后期。研究报告①指出，SEC 早在 2007 年年初就对雷曼兄弟进行了现场检查并发现它在流动性管理方面存在诸多问题，但没有实施任何监管措施，也没有要求雷曼兄弟采取任何更正措施。而正是流动性风险引发雷曼兄弟在 2008 年 9 月轰然倒闭，成为 2008 年全球金融危机全面爆发的标志性事件。因此，雷曼兄弟倒闭事件是金融行业监管机构在金融危机前期实施个案宽容，而后导致被宽容银行发生重大危机事件的典型案例。日本房产泡沫破裂后实施的监管宽容则是在金融或经济危机中后期实施批发宽容的典型案例。事实上日本房产泡沫在 20 世纪 90 年代初就开始破裂，这一期间银行虽经营开始恶化但仍可以通过出售前期升值较多的股权资产维持法定资本充足水平，但这一情况在 1997 年时因股票市场大幅度下跌而无法持续，在这一年年末一家主要城市银行和两家证券公司倒闭。在这种情况下日本政府推出了系统性批发宽容措施。因此类别宽容和批发宽容通常是在金融或经济危机深化，致使多数银行财务指标和资本充足水平触及监管红线的情况下，金融行业监管机构采取的集体性监管宽容措施。

二、监管宽容的原因

监管宽容与金融行业监管机构的目标定位相关。如前所述，金融行业监管机构将"加强银行系统稳定与安全"作为其始终如一的主要目标。金融行业监管将自身视为"利益相关者"，需要对商业银行的倒闭承担救助责任。基于双重监管目标、定位的视角，容易解释金融行业监管比会计监管更容易实施监管宽容的现实情形。

本质上讲，监管宽容是监管机构的一种机会主义行为。监管在风险和收益之间权衡，通过监管宽容换取银行的生存机会。首先，监管机构认为监管宽容可以减少存款保险基金损失。例如 FDIC（1997）直言不讳地指

---

① Report of Anton R. Valukas, Examiner, In re Lehman Brothers Holding Inc., et al., No. 08-13555, 2010.

出："一个简单的事实是，大多数被认定可能给保险基金带来损失的存款机构最终恢复到安全和稳健水平；因此，有效监管，包括可随意使用的监管宽容，被证明是非常符合成本效益原则的存款保险基金的保护机制。"其次，对某些系统重要性金融机构实施的监管宽容是基于"大而不倒"原则考量的结果。因为这些金融机构的倒闭会引发宏观经济系统性风险，这是金融行业监管机构基于经济运行维护者定位的结果。最后，实施某些集体宽容（类别宽容和批发宽容）通常是为金融或经济危机后出台的相关救助政策发力创造时间窗口。救助政策的效果存在滞后性，可能尚未反映在财务报告中，不必依据财务或资本指标关闭某家银行，这是金融行业监管机构基于自身金融或经济危机救助者角色而采取的行动。

三、监管宽容的后果

从结果来看，实施监管宽容是对超过会计选择正常范围的相关违法违规行为、会计操纵行为的纵容/默认，会造成较为严重的后果。分析欧美国家和日本市场出现的监管宽容案例，我们认为监管宽容可能产生如下后果：一是引发更严重的危机事件，雷曼兄弟倒闭和北岩银行挤兑事件就是典型案例，金融行业监管机构早在一年前就发现了相关问题，但没有采取针对性监管措施，使它们发展为金融危机的标志性暴雷事件，触发了严重的系统性风险；二是显著增加财务救助成本，例如统计数据表明，储蓄贷款机构危机期间的监管和会计容忍使监管机构增加了 660 亿美元的救助成本（Edwards，2011）；三是显著增加管理层道德风险，偿债指标和资本水平低于法定标准的银行管理层非常清楚监管宽容是权宜之计，这种认识对他们形成了巨大压力，强迫他们采取激进的投资行为，同时出于维护职业声誉考虑，濒临倒闭边缘的银行管理层也倾向于采取冒险行为；四是破坏了市场的治理能力，市场投资者依靠金融机构披露的信息和监管机构发布的信息做出投资决策，而监管宽容导致金融机构在监管机构的配合下披露虚假信息，使投资者无法及时调整投资决策。

监管宽容对会计的影响在于，金融行业监管要求会计监管参与宽容，因为会计监管制度与金融行业监管政策捆绑在一起，监管宽容进一步向会计领域扩散，他们要求会计监管机构也降低或放松会计制度的执行标准。这种由金融行业监管宽容所引发的会计宽容问题在20世纪80年代美国储贷危机时期和2008年全球金融危机期间均存在。在储贷危机时期，监管机构允许大量资不抵债的银行继续经营，其做法是操纵监管会计准则，制造这些储蓄贷款机构仍然稳健经营的假象（Jonathan，2011）。在2008年全球金融危机期间，金融行业监管机构向会计准则制定机构施加压力，要求放松会计准则执行标准。例如，在欧盟金融行业监管机构的游说压力下，国际会计准则理事会（IASB）于2008年10月13日发布对IAS39的修订公告，允许商业银行将先前归类为"交易性"证券的投资重分类为"持有至到期"证券，使其可以将市场价值大幅下跌并按公允价值计量的交易账户资产改为按摊余成本计量，从而避免确认大额减值损失。监管宽容向会计领域蔓延破坏了会计准则的独立性和一惯性，影响了以保护投资者为宗旨的会计改革进程。

第四节　会计监管与金融行业监管之间的便车

一、监管便车的情形

本节主要总结金融行业监管主体和会计监管主体在面对商业银行会计操纵时，存在哪些搭便车行为，以及这些监管行为对监管效率的影响。一方面，更多的监管主体更容易发现商业银行过度运用会计自由裁量权的行为，能更好地揭示银行相关行为或者对相关行为进行惩处；另一方面，多头监管容易导致监管主体之间相互搭便车，出现不监管、不查处的现象。

共享监管成果是比较常见的搭便车行为。比如，双重监管对于商业银行的信息分别规定了不同的披露或报送渠道，但很多时候会共享监管成果。例如会计监管主体在接收银行公开上市申报材料或再融资申报材料后，会向金融行业发出监管征询，询问商业银行会计信息等方面是否存在问题，并在获得金融行业监管核查开出"无问题兜底函"后推进后续工作。再如会计监管下的信息披露制度须同时遵循金融行业监管标准，中国证监会《公开发行证券的公司信息披露编报规则第 26 号——商业银行信息披露特别指引》，其中有条款明确，"本规定所提及的监管指标和该等指标的计算口径，如中国银行业监督管理机构有相应规定规范的，按照中国银行业监督管理机构的标准执行"。共享监管成果基于双重监管之间相互信任这个基础，但是过度信任会导致"监管依赖"，其内含假设是，即便商业银行出现问题也有另一个监管主体兜底，所以会导致主动/被动忽视商业银行的会计操纵行为。监管依赖会导致监管力度下降，例如证监会在对上市银行的检查频率、干预力度，以及对银行问题的关注程度、反应速度等方面，都明显弱于其对非金融行业企业的监管。现实中，主要体现为会计监管依赖金融行业监管，但也有金融行业监管对会计监管的依赖（比如下一章加拿大银行案例，就是互相搭便车的典型）。

监管忽视是一种后果严重的搭便车行为。美国的风险压力测试事件就体现了监管之间的忽视行为。为有效应对危机，2009 年美国金融行业监管创新使用了"压力测试"①，并且金融行业监管要求银行披露这种结果。实际上，能否通过这场测试是一个非常重要的结果，市场也非常关注，但当金融行业监管决定要求银行披露信息时，那些通过测试的银行已经提前向市场将"部分结果"进行了"泄露"。从市场关注度来看，压力测试可能比一些财务报表数据的信息含量更大、更为重要，可以将泄露的风险压力测试信息理解为可能对股票价格形成影响的内幕信息。但是，因为资本市场监管对这个事情并不关注，所以未对银行进行任何的调查处罚。再如，

---

① 压力测试（stress testing），是指一系列用来评估一些异常但有可能发生的宏观经济冲击对金融体系脆弱性影响的技术总称。在微观领域，压力测试能评估某些小概率事件对银行经营或其所拥有的投资组合可能造成的影响，能帮助金融行业监管者更好地监管个别金融机构的市场风险和信用风险。即通过被检查的银行机构中构建"压力"场景，检验银行在面对这种极端情况时是否能够应对和顶住压力，是否有足够的应付手段，还包括对资本的要求等方面。

监管主体更关心信息报送问题还是信息披露问题，会导致其对会计信息质量的要求不同。现实中，金融行业监管更容易忽视会计信息质量。因为金融行业监管机构不仅可以使用银行的财务报告，还可以从银行直接获得监管报告，此类监管报告能够给监管当局提供一些财务报告不能提供的信息，比如银行风险敞口的详细信息，所以金融行业监管比会计监管更关心信息报送问题而不是信息披露问题。

监管和谐是一种特殊的搭便车行为。和谐主要是指监管之间不产生公开矛盾，通常不发生监管冲突，以讲政治和顾大局为主，这种情况主要见于我国。比如在拨备计提问题上，一旦金融行业监管认定了某个计提数额，就以金融行业监管审核意见为主，会计监管主体往往会认可商业银行的计提数额，会计师事务所也主要参照该数额。一旦金融行业监管已认可商业银行报表计提数额，便可认定计提是合适的；而当金融行业监管指出计提数额需要调整时，会计师事务所会迅速地做出反应。

二、监管便车的原因

客观上看，监管便车的存在与监管之间的权力差异有关。金融行业监管更有权力，主要包括金融行业监管具有资源配置权、牌照赋予权、危机处置能力，以及专业知识等方面的优势。资源配置权方面，会计监管主要扮演守门员角色，要求信息披露公开透明，虽然也通过提高融资效率来促进资源配置，但是金融行业监管的影响力更大、资源配置权更大。牌照赋予权方面，最典型的就是经营牌照的发放。经营牌照往往是稀缺的、具有经济价值的，许多国家设立银行均需要经过严格的资格审批，所以金融行业监管具有牌照赋予权[①]。商业银行董事高管的任职资格批复，需要满足条件后由金融行业监管出具，否则不予审批，而资本市场要求董监高只要不存在禁止情形均可任职。吊销经营牌照与发放牌照类似，以金融行业监

[①] 而会计监管不一定具有牌照赋予权，比如企业公开上市，证券发行实行注册制后牌照赋予权将会弱化（很多国家均实行注册制，我国也在逐步推行）。

管为主。危机处置方面，危机处置或实施救助主要由金融行业监管负责。比如包商银行、锦州银行都需要金融行业监管实施救助，目前包商银行仍在银保监会接管中，锦州银行仍在接受金融行业监管与国有银行的救助，最终都主要由金融行业监管调动其他资源，负责危机处置。银行业专业知识壁垒方面，由于银行业需要专业知识，监管者需具备货币学、经济金融等知识，而银行的特殊性导致其公司治理、业务范围、盈利模式等方面均不同于非金融行业企业，资本市场监管员的知识储备可能普遍不如金融行业监管的监管员，对商业银行存在问题的把握可能不如金融行业监管员敏锐。

主观上看，各监管主体是否搭便车是基于成本收益考虑的结果。监管行为的收益和成本至少包括以下方面：①查处成本，既有直接查处成本，也有其他查处成本，直接成本是监管主体查处需要付出工作上的努力和时间，间接成本包括某一监管主体实施查处时会受到一定"监管干预①"。②罚金收益，监管查处后对银行进行处罚，实施处罚（罚金）的直接收益。③监管行业声誉和赔偿，若实施查处，属于其职责范围内的正常行为，若不查处，会计监管更容易造成信任危机或者需要赔偿投资者（比如投资者针对会计师事务所的集体诉讼）。④业务收益，金融行业监管具有强制性，不存在业务收益；会计监管（如审计费用）存在业务收益。⑤生存策略问题，金融行业监管宽容导致商业银行获得了处置问题的时机和机会，存在潜在收益；会计监管不存在该类取舍问题。⑥社会福利的节省，金融行业监管的及时查处，可以导致社会福利损失减小（如上文分析）；会计监管及时查处可以提升会计信息质量，达到保护投资者的目的②。监管主体通

---

① 通常是会计监管主体容易受到金融行业监管的干预，而会计监管通常无法对金融行业监管实施干预。

② 一个近期观察到的现象就是锦州银行的股价反应，锦州银行因延迟发布2018年年报，导致停牌，后披露的年报显示业绩存在问题，2019年9月2日股票复牌当天，大幅下跌8.57%。股价的反应至少说明，之前依靠会计信息作为主要信息来源的投资者并没有收到足够的会计信息信号，如果之前已经获得会计信息，就会提前反映在对股票的定价中，股价就不会在披露年报时大幅下跌。会计信息质量下降导致关注财务报表的投资者遭受了远超与收益配比的损失。

常在上述成本和收益之间进行取舍。结合博弈论的思想，某个监管主体搭便车的程度也取决于另一监管主体的行为，双重监管主体之间存在互动，每一个主体搭便车的行为都是符合其最优选的"效用"。针对商业银行过度运用会计自由裁量权的问题，监管主体可能会对已发现问题进行严肃、及时的惩处，并要求其及时纠正；监管主体也可能并不进行惩处而选择忽视，不要求商业银行及时纠正行为，或者对商业银行相关问题视而不见，导致风险进一步加剧。这些都是监管主体权衡的结果。

监管差异是造成监管便车的深层次原因。前文分析的"监管忽视"有时候是一种主观上的忽视，即每个监管主体只关心自身制度所涵盖的部分，导致存在监管盲区，尽管这些事项会产生"不好"的后果。比如在对待信息透明的问题上，有观点认为金融行业监管并非在所有时候都鼓励信息透明，并将其解释为金融行业监管认为信息透明存在"消极影响"，包括：透明度可能导致由协调失败驱动的低效银行挤兑（Morris et al., 2002; Chen et al., 2006）；一家银行的破产导致其他银行的债权人对金融行业监管机构的能力失去信心，从而引发声誉危机（Morrison et al., 2013）；限制了银行同业风险分担的安排（Goldstein et al., 2013）；破坏银行生产私人货币的能力（Gorton, 2013; Dang et al., 2014）。上述观点为金融行业监管在某些特定时间、特定环境下实施宽容提供了一种解释。事实上，金融行业监管有可能选择拖延，为商业银行争取处置时间，"以时间换空间"，以期待银行能够将问题化解。比如，拖延处置期间，寄希望于经济形势向好，或者客户能及时还款，以便商业银行走出困境。所以，在商业银行面临困境的时候，由于需要对结果承担全部兜底救助责任，金融行业监管更有可能选择监管宽容，此时往往是金融行业监管会搭会计监管的便车，要么由会计监管要求商业银行披露信息或者对商业银行进行查处，要么双重监管都不做相关要求①。

---

① 极端情形下，金融行业监管甚至可能阻止披露信息，获取更佳的处置机会。包商银行被银保监会接管后便不再披露年报，也在一定程度上佐证了金融行业监管对信息透明的态度。此处不展开讨论。

造成监管和谐这种特殊情形的主要原因，与我国的体制机制相关。从机构设置来看，金融行业监管和资本市场监管都属于国务院管理下的行政事业单位，便于协调，以国务院意见为主，即便有矛盾：一是讲政治、顾大局，可以妥协；二是可以在国务院层面内部解决。因此，我国的双重监管之间几乎没有公开的争端。深层次讲，我国的体制机制决定了双重监管之间的矛盾均由上一级机构负责解决，矛盾无法转移，也不会公开化，形成监管和谐。

三、监管便车的后果

一方面，监管信任是有利的。监管信任便于协调监管制度的制定，比如在我国的体制下监管制度更容易出台，只要制度分歧不明显，通常以几部委联合发文（或窗口指导意见）的形式便可出台。监管信任容易形成监管合力，对商业银行机会主义行为的查处力度可能更大，对商业银行会计自由裁量权形成限制和制衡。监管信任也有利于减轻商业银行内部的管理成本。

另一方面，过度信任会导致监管依赖和监管和谐，容易掩盖商业银行的问题，会减弱对银行业的监管力度，进而为商业银行高管层实施自由裁量提供空间。尤其是造成监管依赖之后，对问题银行的监管力度会显著减弱，有损监管效率。监管关注点的不同，导致即便某一监管主体在监管中发现问题，但因不违背本监管主体的监管理念和制度，而选择忽视，此时另一监管主体一旦搭便车，就会形成监管盲区（监管空白地带），导致银行管理层的会计裁量权被滥用。同时，监管便车会影响市场约束①作用的发挥，会导致市场主体的约束力降低。

---

① 市场约束是借助于银行的信息披露和有关社会中介机构，如律师事务所、会计师事务所、审计师事务所和信用评估机构等的帮助，通过自觉提供监督和实施对银行活动的约束，把管理落后或不稳健的银行逐出市场等手段来迫使银行安全稳健经营的过程。

第五节　小结

本章从理论上分析了双重监管行为的三种特殊情形：监管冲突、监管宽容和监管便车。

监管冲突的特征包括，双重监管冲突蕴含在监管制度中，通过监管行为表现出来，往往在经济/金融危机之后寻求解决之道。造成监管冲突的原因可能与监管差异有关，监管差异是不同主体之间客观的不同之处，不同主体相互依存时才可能导致冲突，冲突是矛盾的一种剧烈表现形式。监管冲突的存在会拓宽商业银行会计自由裁量空间，商业银行很容易为自己的行为找到监管依据并实施会计机会主义行为，机会主义行为加剧风险，导致监管的低效率。解决监管冲突的方式主要有两种：一种是双重监管之间彻底"脱钩"，另一种是冲突双方或者一方做出妥协。无论哪一种解决方式都需要正视其导致的后果。

根据被宽容对象的数量将监管宽容划分为个案宽容、类别宽容和批发宽容三类。个案宽容是监管机构针对零星出现的问题银行所实施的监管宽容行为。类别宽容是指监管机构（金融行业监管为主）对某类银行集体实施的监管宽容行为。批发宽容是指监管机构（金融行业监管为主）对所有银行甚至部分依靠贷款融资的大型实体企业实施的监管宽容行为。个案宽容一般出现在金融或经济危机前期，而类别宽容和批发宽容通常出现在金融或经济危机的中后期。实施宽容的原因在于金融行业监管将自身视为"利益相关者"，需要对商业银行的倒闭承担救助责任。本质上讲，监管宽容是监管机构的一种机会主义行为。监管宽容通常与监管便车同步发生。从结果来看，监管宽容引发更严重的危机事件，显著增加财务救助成本，显著增加管理层道德风险，破坏了市场的治理能力。监管宽容对会计的影响在于，金融行业监管要求会计监管参与宽容，监管宽容进一步向会计领域扩散，影响了以保护投资者为宗旨的会计改革行为。

更多的监管主体更容易发现商业银行存在的过度运用会计自由裁量权的行为，但也容易导致监管主体之间相互搭便车。共享监管成果是比较常见的搭便车行为，监管忽视是一种后果严重的搭便车行为，监管和谐是一种特殊的搭便车行为。客观上看，监管主体之间的信任是造成监管便车的原因。主观上看，各监管主体是否搭便车是基于成本收益考虑的结果。监管差异仍然是造成监管便车的深层次原因。出现监管和谐这种特殊情形的主要原因，与我国的体制机制相关。从结果来看，一方面，监管信任是有利的，监管之间容易协调、容易形成监管合力，也有利于减轻商业银行内部的管理成本；另一方面，过度信任会导致监管依赖，监管和谐容易掩盖问题，会减弱对银行业的监管力度。

第六章 会计监管与金融行业监管
行为的案例分析

第一节 会计监管与金融行业监管冲突的案例

案例一 与拨备计提相关的监管冲突[①]

一、案例介绍

SunTrust 是美国几家大型银行之一。美国储贷危机之后的经济逐步复苏，SunTrust 银行 1992 年以来的不良贷款率明显下降，但贷款拨备却保持了强劲的增长势头。担负着证券市场会计监管责任的 SEC，对美国上市银行为了盈余管理而普遍多计提贷款损失准备金表示担忧，1997 年曾公开表明包括 SunTrust 在内的很多银行拨备覆盖率过高。1998 年 SEC 要求 SunTrust 银行重述其 1994—1996 年的收益，并要求 SunTrust 银行的贷款损失准备金下调 1 亿美元[②]。SEC 认为过度提取准备伤害了银行的会计透明，反对银行业通过牺牲会计透明来追求银行稳健，其认为银行系统的不稳健

---

① 本案例主要参照丁友刚和岳小迪《贷款拨备、会计透明与银行稳健》一文以及于永生收集的案例。

② 事实上，在下调 1 亿美元之后，SunTrust 银行的拨备覆盖率仍然高于 400%。

固然会损害金融系统的效率和银行的价值，但是会计不透明同样也会损害证券市场的效率。SEC 的行动向公众传达了其不允许商业银行过度计提拨备的信号。

在 SEC 要求 SunTrust 银行重述收益事件发生的当月，四家金融行业监管机构与 SEC 联合磋商，共同发布《对金融机构的联合公函》，决定成立联合工作组，加强在贷款拨备会计政策问题上的沟通与合作。

然而联合行动尚未开展之前，1999 年 4 月 12 日，会计监管机构 FASB 率先发布了《观点性文章：第 5 号及第 114 号财务会计准则在贷款中的应用》一文。文章明确指出，商业银行在根据 SFAS114 提取贷款拨备后，不能够再根据 SFAS5 提取额外的拨备。此外，文章再次强调即使过去的经验显示银行贷款很有可能在未来发生损失，也不允许提前确认损失。FASB 希望通过明确现有准则的适用范围来限制银行的拨备提取范围，维护会计透明。观点性文章发布一个月后，紧急问题工作组（EITF）对外宣称该观点性文章已被 SEC 认可和接受，所有上市银行都必须要根据观点性文章的要求对贷款损失拨备进行实质性的调整，并且必须在当年第二季度前调整完毕。

金融行业监管机构对 FASB 的观点文章以及 EITF 的要求十分不满。它们认为 FASB 的观点性文章与现有的审慎监管政策不符，而 EITF 对银行所提出的限期调整要求将会误导银行做出减提贷款损失准备的决定。1999 年 5 月 21 日，FRB 代表金融行业监管机构发布 SR99-13。SR99-13 认为，从安全与稳定的角度出发，银行目前的拨备水平符合当前经济状况和风险水平。联邦储备局及其他金融行业监管机构期望银行能够通过审慎的计量来保留足够的贷款损失拨备，认为贷款损失拨备水平应充分考虑银行的安全性及稳健性。同时，FRB 认为 FASB 对贷款损失拨备的许多关键问题都没有解释清楚，比如为对拨备估计需提供哪些支撑材料以及怎样区分内在损失与预期损失等。因此，银行不应该根据 FASB 的观点性文章大规模地调整拨备水平。显然，金融行业监管机构不希望以牺牲银行稳健为代价来满足会计透明的要求。

证券（会计）监管与金融行业监管机构在贷款损失拨备问题上的不同立场导致冲突越演越烈，最终演变为 1999 年 6 月 16 日国会众议院听证会上的激烈辩论。SEC、FASB、AICPA①、FRB、FDIC、OCC、OTS 以及银行机构和投资者都派代表参加了此次听证会。听证会上，金融行业监管机构对 SEC 强令 SunTrust 减少拨备的行为及 FASB 发布的观点性文章表示了强烈的不满。而 SEC 表示，拨备过多导致股东无法知道股票的真正价值，同时会掩盖经济恶化的真实情况，不利于及时采取行动加以纠正银行问题。FASB 坚持认为，会计监管的主要目标及存在意义就是保持和促进财务报告的有用性、可靠性及透明性。最终，国会提出对该问题立法的说辞，强迫双方妥协，双方冲突得以缓和。

为了避免给银行实务造成混乱，1999 年 7 月 12 日，四家金融行业监管机构（FDIC、FRB、OCC、OTS）与 SEC 再次联合发布《对金融机构的联合公函》。这份公函认为由于拨备很大程度上依赖于管理层的判断，对损失的评估应存在一个"估计区间"。任何"不精确边际"和"未指定到具体贷款"的拨备如果位于一个可接受区间，且符合 GAAP 就是适当的。这份公函是两个部门出于实际考虑所制定的一份临时妥协文件，采用了"估计区间"概念来淡化双方观点的冲突。至于对诸如"预期损失模型"是否得到承认、怎样区分已发生损失与未来损失、"未指定到具体贷款"的拨备如何才能与 GAAP 相符等问题，都未做出具体说明。

二、案例的启示

这次冲突及其后续影响体现在两个方面：一方面，监管冲突非常激烈。正如 Wall 和 Koch（2000）所述，SEC 的行动在银行分析师、会计监管机构和金融行业监管机构之间引发了长时间的辩论，争论有关贷款损失准备金的会计监管和金融行业监管之间如何平衡，并且争论上升到国会层面。另一方面，冲突以妥协而告终。四家金融机构与 SEC 联合发布的公函

---

① 美国注册会计师协会。

是两个监管主体出于现实考虑而出具的临时妥协文件，采用了"估计区间"的策略来淡化冲突。妥协行为充分说明，拨备计提问题很难解决，如何兼顾会计监管和金融行业监管，是一个必须面对和重视的问题。

同时，调整当前的拨备计提制度，只解决了怎么计提（选择哪种方式）的问题，并没有解决计提多少的问题。而冲突的根本在于计提多少的问题。如前文分析，金融行业监管希望多计提，会计监管希望适度计提。这样的监管冲突一定不再上演了吗？

案例二　与会计准则制定相关的监管冲突①

一、案例介绍

本案例将通过分析 2008 年全球金融危机以来，欧盟对金融工具会计监管制度变革的影响，进一步揭示会计监管与金融行业监管制度冲突，以及金融行业监管机构与会计准则制定机构针锋相对的博弈过程，全面深入地认识双重监管冲突的过程以及最终的结果。

2008 年全球金融危机爆发以来，IAS39"金融工具：确认与计量"因"难以理解、难以应用和难以解释"而受到诸多指责。在 G20 峰会与国际金融机构敦促下，IASB 快速启动"IFRS9：金融工具"项目，积极研究制定替代 IAS39 的新金融工具会计准则。在这个过程中，IASB 受到了来自欧盟的直接影响。欧盟委员会 2008 年 10 月 27 日致信② IASB，要求进一步修订 IAS39 并提出了非常具体的要求和完成时间，包括以下三个方面。

第一，扩大"金融资产重分类"的应用范围并允许重新分类。欧盟委员会认为，IASB 关于允许金融资产重分类的相关修订仅适用于"交易性金融资产"和"可供出售金融资产"，适用范围非常有限，影响很小。欧盟

---

① 本案例摘自于永生和卢桂荣《欧盟为什么推迟认可 IFRS9?》一文，有改动。

② European Commission. Further Issues Related to IAS 39, 27 October 2008.

委员会指出，许多欧盟大型金融机构（包括一些保险机构）应用"公允价值选择权"来消除计量错配问题，对许多资产和负债选择公允价值计量；金融危机期间某些市场的清淡境况使这些工具的管理面临新挑战。按照IAS39，如初始确认选择应用公允价值计量，则后续不可变更。欧盟委员会认为，对于依据"公允价值选择权"规定已经选择按公允价值计量的金融工具，也应该允许进行重新分类。

第二，修订嵌入式衍生工具的会计处理规范。欧盟委员会指出，在嵌入式衍生工具的会计处理方面，IFRS 与美国 GAAP 存在一些差异。依据IAS39，"嵌入式信用衍生工具"要从一项"复合担保债务"（CDO）投资中分离出来，按公允价值计量并将其变动计入损益，除非其主合同是归类为按公允价值计量并将变动计入损益的工具的；但依据 SFAS133（第 14段）的规定，不必对"复合 CDO"投资中的"嵌入式信用衍生工具"进行单独确认，即如果"复合 CDO"投资按摊余成本计量，"嵌入式信用衍生工具"也不必按公允价值计量，仅需进行减值测试。因此，欧盟委员会认为，必须尽快澄清 IAS39 的"复合 CDO"是否包含"嵌入式衍生工具"并对相关规定做出修订，使 IFRS 与美国 GAAP 能够保持一致。

第三，修订金融工具减值规范。欧盟委员会要求修订债务证券和权益工具的减值规范。对于债务证券，依据 IAS39，如果该证券归类为"可供出售"类的，要依据其账面价值与公允价值的差额来确定减值；如果该证券归类为"持有到期"类的，则要依据其账面价值和可回收金额来确定减值。欧盟委员会指出，在金融危机境况下依据公允价值确定减值不恰当，因其考虑了信用风险之外的其他风险，如流动性风险。欧盟委员会认为，"可供出售"类的债务证券的减值基础也应是账面价值与可回收金额的差额，而不是公允价值。对于权益工具，依据 IAS39，归类为"可供出售"类的权益工具所发生的减值要计入损益表，但减值的转回则被禁止。欧盟委员会认为，只允许计提减值而不允许转回减值的做法不合理，要求进行修正。

2009 年 11 月 12 日，IASB 发布了 IFRS9"金融工具"项目第一阶段成果，仅涉及金融资产的确认和计量问题；金融负债的确认和计量问题未包含其中，因为利益相关方在对待企业自身信用风险方面尚未达成一致意见。IFRS9"金融工具"的亮点是将金融资产的分类标准由"四分式"改为"两分式"，使分类问题大大简化。分类标准是金融资产计量和列报的基础，决定了金融资产按什么计量、价值变化影响哪些项目（损益、权益还是综合收益）以及列示在哪里等重要问题。分类标准简化必然使金融资产的整体会计处理得到简化。依照IFRS9"金融工具"，金融资产仅划分为按摊余成本计量和按公允价值计量两大类。只有同时通过"经营模式测试"和"合约现金流量特征测试"的金融资产才能被划分为按摊余成本计量的一类，其他金融资产必须划分为按公允价值计量的一类。"经营模式测试"判断企业持有某一项金融资产的目的是收取其合同约定的现金流量还是获得其公允价值变动所产生的增值，前者通过测试，后者未通过测试。"合约现金流量特征测试"判断该金融资产所产生的合同现金流量是否全部来源于其本金及其利息，如果全部是则通过测试，如果不全部是（存在其他来源的现金流量）则未通过测试。

在欧盟委员会和IASB针对会计准则的沟通中，可以发现，一方面欧盟对金融工具分类和计量项目非常关注，提出了许多具体的修订建议和要求（详见第七章表7.1）；另一方面IASB对欧盟所提要求也非常重视，大部分要求都予以满足，而且在准则发布时间安排上也充分考虑欧盟的需要。从2009年6月开始实质性地推进金融工具分类与计量研究工作，到同年11月发布准则终稿，IASB在短短几个月时间内完成了发布征求意见稿、汇总各方建议、召开听证会和发布终稿等复杂工作，其工作效率之高令人难以想象。IASB致力于在短时间内完成对IAS39金融工具分类和计量规范的修订，已站在IASB的立场充分考虑了欧盟的要求。事实充分说明，在金融工具分类和计量项目上IASB与欧盟的合作沟通总体比较通畅。

但出人意料的是，几乎在IFRS9正式发布的同时，EFRAG宣布推迟发布针对IFRS9的认可推荐，直接理由是它们需要更多时间收集关于IASB改进金融工具项目潜在影响的综合信息。EFRAG的决定像一颗炸弹在欧洲掀起轩然大波，也让 IASB 非常恼火。许多欧盟行业组织（如 FEE、ICAEW 和 CFA 等）严厉批评 EFRAG 的决定，认为这会使欧盟企业处于不利境况①；一些欧洲大型跨国公司还计划对欧盟的决定置之不理，直接采用 IFRS9 编制财务报告②。国际会计准则委员会基金会主席 Gerrit Zalm（2009）亲自给欧盟委员会写信，表达其"惊讶和失望"③。那么，为什么在项目研究过程中双方一直合作愉快并且欧盟要求均得到积极回应的情况下，EFRAG 却最终决定推迟认可 IFRS9？

分析欧盟委员会提出的针对 IAS39 的修订要求，发现其目的大致有两个：一是进一步消除 IFRS 与美国 GAAP 在金融工具会计处理方面的差异，使欧洲金融机构在会计操作灵活性方面不逊色于其美国竞争对手；二是进一步将欧洲金融机构从公允价值计量会计规范中解脱出来，使更多的金融工具可以按摊余成本计量，从而从账面上提高金融机构的监管资本额度，人为地减轻金融机构的资本压力。但是，可能是因为 IASB 致力于按照自己的规划推进金融工具会计改革，无暇顾及欧盟委员会的新要求，也可能是 IASB 已将欧盟委员会的要求纳入金融工具改革的整体规划之中，到 2009 年 9 月仍未见 IASB 发布针对上述三方面要求的修订方案。在 IFRS9 征求意见稿的反馈函④中，欧盟委员会曾提醒 IASB 关注前述三个问题，并对 IASB 迟迟未予以回应表示不满："尽管全面修订 IAS39 非常重要，但不应以推迟'可供出售'债务证券减值等具体问题为代价。"这体现出欧盟推迟确认准则还是因为其关注的核心诉求没有得到全面解决。那么究竟是什么没有得到满足？

一个公开的理由是欧盟认为分阶段修订金融工具准则增大其评估难度。欧盟各相关部门均对分阶段修订金融工具准则的做法提出质疑。

① The Editorial. Profession applauds IFRS9 as EC postpones endorsement, the Accountant, 27 November 2009.

② Rachel. Companies set to defy EU accounting rule delay, Financial Times, 25 November 2009.

③ Gerrit Zalm. Letter to Mr McCreevy, 18 November 2009.

④ European Commission, Exposure Draft Financial Instruments（IAS39）：Classification and Measurement, 15 September 2009.

EFRAG（2009）指出："我们理解将替代 IAS39 的项目分解成若干阶段的决定，但 IASB 在后续阶段工作中应认识到分阶段模式的影响，我们敦促 IASB 尽力降低该模式的负面影响。"[1] 欧洲会计监管委员会（ARC）（2009）认为："金融工具会计的未来进展还有许多不确定性，例如金融负债的处理、减值方法（第二阶段）和套期会计（第三阶段）。"[2] 这成为该委员会支持推迟认可 IFRS9 的主要原因。欧盟内部市场和服务委员查理·迈克里维（Charlie McCreevy，2009）在解释欧盟推迟认可 IFRS9 的原因时指出："没有快速认可 IFRS9 反映了（欧盟）对金融市场认识的变化，我们需要对新准则的各方面进行全面评估。"[3]整体上看，欧盟相关各方在这方面的认识是统一的，他们拒绝认可阶段性成果，因为在目前情况下他们无法全面系统地理解项目整体，也无法科学地评估其潜在影响。这是与事实相符的。

但是，最核心的原因仍然是欧盟认为 IFRS9 可能会导致公允价值应用范围扩大。2008 年全球金融危机爆发以来，金融界指责公允价值会计强迫企业确认永远也不会实现的损失，人为地给财务报告造成压力，另外还会产生顺周期性，增加金融系统风险。这类观点为欧盟各级委员会所普遍接受。因此，自 2008 年 7 月以来，欧盟各相关部门针对金融工具会计向 IASB 所提出的建议和要求主要围绕如何减少公允价值的应用。例如，欧盟委员会要求允许金融工具重分类、ECOFIN 要求债务工具减值基础不使用公允价值、欧盟委员会要求金融工具分类以经营模式为主等。欧盟上述要求的目的是压缩公允价值应用或为企业提供选择使用的自由空间。IFRS9 将金融工具的"四分模式"修订为"两分模式"，符合"以获取仅来自本金和利息的约定现金流为目的"的金融工具按摊余成本计量，其他的金融工具按公允价值计量的原则。按照该标准，贷款和类似贷款的证券可以使

---

① EFRAG. Exposure Draft Financial Instruments: Classification and Measurement, 21 September 2009.

② ARC. Extract of the Draft Summary Record, 11 November 2009.

③ Charlie McCreevy. Letter to Mr Gerrit Zalm Chairman of Trustees IASCF, 19 November 2009.

用摊余成本，衍生工具、权益工具、实施公允价值选择权的工具和其他不符合上述标准的工具大多要使用公允价值。欧盟委员会认为："与 IAS39 比较，这种分类方法可能导致更多金融工具按公允价值计量且变动计入损益，增加收益波动，尽管这种影响会因企业不同而异，取决于企业的经营模式和资产负债表上的金融工具类型。"①欧盟委员会的这种担忧不无道理。对于传统以借贷业务为主的银行而言，"两分模式"的确会减少公允价值的应用；但对于投资银行等其他金融机构而言，则可能导致公允价值应用的增加。并且，重要的是"IASB 从未将压缩公允价值应用作为项目的目标，而是力图确定使用摊余成本或公允价值的恰当标准，该标准的依据是哪种计量属性能提供关于可能未来现金流量的有用信息"②。

从相关各方提出的要求分析，欧盟最关注的问题是公允价值应用是否会增加、收益波动是否会加剧等，与 IASB 所关注的焦点问题有很大差异。因而，IFRS9 可能导致公允价值应用方面的不确定性及其潜在影响令欧盟非常担忧。而欧盟内部主要职业组织和金融机构的对立与分歧，使欧盟的忧虑进一步加剧。欧盟会计职业组织（如 FEE、ICAEW 和 CFA 等）大多支持 IFRS9，要求欧盟委员会尽快予以认可③；但欧盟金融行业的意见则分歧较大，英国的银行和保险公司、ING、Deutsche 银行和意大利保险公司 Generali 支持尽快认可 IFRS9，但法国和意大利的银行、德国的保险公司和欧洲中央银行则建议推迟认可，以便对其影响进行全面评估④。鉴于 IAS39 认可过程中的坎坷经历和在公允价值应用方面可能产生的不确定性以及欧盟内部的分歧等，欧盟委员会最终决定推迟认可 IFRS9。

毫无疑问，对可能增加公允价值应用的担忧是导致欧盟推迟认可

---

① European Commission. Exposure Draft Financial Instruments "Classification and Measurement" - comments on near final draft, 4 November 2009.

② David Tweedie. Prepared Statement to the meeting of the Council of the European Union, 16 March 2010.

③ The Editorial. Profession applauds IFRS9 as EC postpones endorsement, the Accountant, 27 November 2009.

④ Rachel. Companies Set to Defy EU Accounting Rule Delay, Financial Times, 25 November 2009.

IFRS9 的最主要原因。IASB 准则咨询委员会主席 Paul Cherry（2011）指出：“欧盟推迟认可（IFRS9）最根本的原因是欧洲商业界厌恶过多使用公允价值。”[①]这佐证了 IASB 也非常清楚欧盟委员会决定推迟认可 IFRS9 的真正原因。

二、案例的启示

分析欧盟在 IAS39 修订过程中所阐述的观点可知，它的关注焦点是：①欧盟商业银行在金融工具分类处理上是否和美国商业银行一样灵活；② IAS39 修订是否压缩了商业银行相关的会计处理自由裁量权。例如 2008 年 10 月欧盟对 IAS39 提出的修订要求是提高金融工具分类的灵活性和放松公允价值会计规范；再如在 IAS39 修订稿（IFRS9）发布后又因担忧它会增加公允价值会计应用范围从而增加商业银行压力而对其推迟确认。这一事实揭示出，虽然表面上看 IAS39 因“难以理解、难以应用和难以解释”而受到指责，但金融行业监管机构最关切的仍是商业银行是否可获得出于金融稳定考虑而合法合规地操纵会计信息的足够空间，因为金融行业监管的职责是维护个体银行和金融行业稳定，这是它的使命，至于会计信息是否客观和及时就不那么重要了，是否容易理解和应用也位居其次。这一事实也进一步揭示了会计监管和金融行业监管冲突问题的客观存在和它的实际影响，也佐证了本书研究这一问题的现实意义。

第二节　金融行业监管宽容与会计监管宽容的案例

一、日本政府实施监管宽容的背景

在 20 世纪 80 年代，日本许多商业银行持有股权资产，这些股权资产

---

① Gundi Jeffrey. Reading Tea Leaves of Europe's Discontent, the Bottom line News, August 2011.

的利得曾是商业银行收益和资本的支柱。随着股权资产价值在此期间不断上升，商业银行累计未实现股权投资收益逐年增加，由1982年的9.6万亿日元激增到1988年的55万亿日元，其规模达到了权益资产的3.6倍①。虽然权益资产规模逐年增加，但银行主营业务盈利能力逐渐减弱、营业利润减少。于是从1989年开始银行大量出售未实现收益的股权资产，以抵消经营能力下降产生的影响，这一年银行总计确认了2.8万亿日元投资资产处置利得，这些利得支持它们报告了2.2万亿日元净利润。从这一年开始的后面之后几年中，日本主要商业银行都依靠处置这些投资所获利得来掩饰恶化的经营业绩。但这一方式在1997年时因股票市场大幅度下跌而无法持续，在这一年年末一家主要城市银行和两家证券公司倒闭。

1998年10月，为阻止经济和金融环境进一步恶化和保护银行存款人利益不受损害，日本政府通过了一项法律，动用60万亿日元财政资金，直接对银行注资，或者国有化即将倒闭的银行。该法律通过不久就有两家银行倒闭并被国有化。同时，为防止更多银行因监管资本不足而倒闭，日本政府开始启用监管宽容工具。

二、日本政府实施监管宽容的过程

首先，作为会计准则制定机构，日本财政部对影响银行资本核算的关键会计制度进行修订。财政部之前仅允许银行使用"成本与市价孰低法"（LCM）核算其证券投资资产，1998年年初起允许银行采用"成本法"或者"LCM"核算。为什么这一会计制度修订是监管宽容行为呢？因为银行在前期为抵消经营亏损处置了累计利得较多的股权投资，但为保持集团交叉持股的比例又回购了这些投资，所以财务报告上已经按照接近的市价进行核算了，在股权市场进一步下跌的情况下如果按照LCM核算，势必迫使银行确认较多股权投资损失，这些损失直接侵蚀其监管资本。但如果允许

---

① Douglas J. Skinner, The Rise of Deferred Tax Assets in Japan: The Role of Deferred Tax Accounting in the Japanese Banking Crisis.

银行按照成本核算这些投资资产则不会确认损失，也不会侵蚀监管资本。因此这一会计制度修订是一种针对性的监管宽容行为。

其次，日本政府于 1998 年 3 月修订《商法》，允许金融机构和某些大型企业对其持有的土地资产进行重估，在这之前该操作被明令禁止。对许多商业银行而言，因主要的土地资产系多年前以较低成本取得的，对这些资产进行重估可以确认大额增值收益，不仅可以大大增厚所有者权益，而且能够迅速拉高一级资本水平；对大型企业而言，土地重估增值能够从表面上美化其财务报告数据，银行可以基于这些美化的财务报告继续给它们发放贷款，这样也避免对前期贷款计提减值损失。因此启用土地资产重估操作是另一种针对性的监管宽容行为。

最后，在针对股权投资和土地资产的两项监管宽容措施落地之后，日本政府又重磅推出了针对递延所得税资产的监管宽容工具。1998 年 6 月，日本财政部和司法部联合发布《商法》的解释公告，允许将递延所得税资产和负债列入企业资产负债表。日本财政部直接领导和控制的会计制度制定和发布机构"商业会计审议委员会"（BADC），于 1998 年 6 月发布了针对递延所得税会计的征求意见稿，并在同一年 10 月匆匆发布最终稿，明确该规定在 1999 年生效，并允许企业提前采用该规定。事实上几乎所有日本商业银行都在 1998 年财务报告编制过程中实施了递延所得税会计操作。这一会计制度推进速度如此之快，以至于没有任何相关经验的审计机构根本无法对相关财务报告项目实施有效审计。

从数据来看，在 1998 年土地资产重估储备首次出现在银行财务报告中时，总金额约为 1.4 万亿日元，规模约为银行上一年度所有者权益总额的 10%；递延所得税资产的影响更大，在 1998 年商业银行确认的该项目金额达到 8.9 万亿日元，其中主要银行确认的金额有 6.6 万亿日元，规模约为这些主要银行上一年度所有者权益总额的 50%。

三、日本政府实施监管宽容的影响

日本政府针对银行股权投资、土地资产和递延所得税资产的监管资本宽容措施对这些银行在危机期间维持法定资本充足率发挥了关键作用。允许对股权投资采用成本法核算的措施使银行在资本市场持续下跌时不必确认相关损失，从而避免这些资产按照市值核算造成的资本侵蚀；土地资产重估增值和递延所得税资产计入核心资本的措施对监管资本的支撑作用更显著，统计发现在 1998 年这两个项目金额之和约占银行所有者权益的 35%。很显然，如果没有这些监管宽容措施，在 1998 年日本很多商业银行核心资本充足率和总资本充足率均会下跌至法定标准（4% 和 8%）之下。

四、案例的启示

第一，监管宽容的案例屡见不鲜。除上文介绍的日本政府 20 世纪 90 年代的监管宽容行为之外，还有前文分析的美国金融行业监管机构在储贷危机中实施的监管宽容行为，以及 2008 年全球金融危机前 SEC 针对雷曼兄弟的监管宽容和英格兰银行针对北岩银行的监管宽容行为等。这说明监管宽容是金融行业监管机构的常有行为。在这些案例中看到，金融行业监管宽容的案例更加常见，会计监管宽容的案例较少。这一现象符合前文分析，即金融行业监管机构是银行业的利益相关者而非中立者，与会计监管机构的中立者身份不同，比会计监管更容易实施监管宽容。

第二，监管宽容往往是多轮次或者"组合拳"，宽容常常演变为"纵容"。因为利益相关者的身份定位，金融行业监管机构在实施监管宽容过程中无法科学把握宽容的合理程度，常常对被监管对象实施一轮又一轮的宽容操作，进而陷入宽容的恶性循环，使宽容演变为"纵容"，最终酿成重大金融事件并诱发系统性风险。比如日本政府先后推出了调整股权投资计量方式、重新评估土地资产价值和增加递延所得税资产三项主要的监管宽容工具，大幅提升银行所有者权益进而使得其账面上符合资本监管的要求。美国在储贷危机中的监管宽容措施包括将该行业的金融行业监管指标核算与会计数据脱钩，放松监管资本指标，允许对资产减值损失进行摊销处理而不是在当年立即确认和将短期负债重分类至备抵资产账户。日本政府宽容案例中，政府一方面诱导商业银行对股权投资运用"成本法"增加资产数据，另一方面诱导对土地运用"市值法"增加资产数据，即为了增加资产数据不惜牺牲会计监管的一贯性和权威性的做法；美国监管宽容案例中，允许将短期负债重分类为备抵资产的措施，都足以说明监管宽容已经变为监管纵容。

第三，监管宽容对会计监管的影响不容小觑，会计监管被动参与宽容。在屡次的监管宽容案例中，虽然宽容主要由金融行业监管发起，但往往会优先使用调整会计制度这项宽容工具，不可避免地牺牲会计监管制度刚性和权威性，导致金融行业监管宽容向会计监管宽容的渗透。这些案例也进一步揭示了监管宽容问题的客观存在和它的实际影响。

第三节　会计监管与金融行业监管便车的案例

一、加拿大商业银行简介和银行会计操纵行为

加拿大商业银行成立于 1975 年，总部位于加拿大阿尔伯塔省（Alberta），其开拓了一个细分的市场，专注于为加拿大和美国的中型企业提供融资服务。因为整个经济受益于能源价格的不断上涨，该银行早期发展较好；然而，随着资源型经济开始下滑，银行经营问题在 20 世纪 80 年代逐步显现。1985 年年初，该行 25 亿美元投资组合的不良贷款率高达 10.2%，资产质量恶化到不可接受的程度。该行行长指出，主要受加拿大经济衰退的影响，房地产领域集中了主要的问题贷款。随后联邦政府采取了"迅速而果断"的纾困救助行动，于 1985 年 3 月 25 日宣布称，阿尔伯塔省和哥伦比亚省（Columbia）政府、加拿大存款保险公司将向该银行补充 2.55 亿美元的新资本，旨在使该行在减记大量不良贷款的同时，仍能保持偿付能力。

在纾困救助行动实施后，由于机构投资者继续减少对该行的投资，联邦政府于 1985 年 8 月认定纾困救助失败；并于 1985 年 9 月任命普华永道

事务所对该银行进行清算。该银行的崩溃给联邦财政部造成了 12 亿美元的损失。

因政府实施纾困救助行动大约一个月后，救助行动受到反对党质询，联邦政府被迫宣布成立专门的委员会调查加拿大银行濒临倒闭的事件，试图回答"哪里出了问题，为什么出了问题"，调查对象包括银行的管理人员、审计人员、监管人员等。随着公众反应加大，最高法院成立了破产调查委员会，调查并报告造成银行破产的情况和因素，以及监管机构在处理这些情况时采取的所有监管行动，并且这些调查结果以调查报告、官方新闻报道的方式向社会进行了公布。本书借助这些调查报告、媒体报道等资料，以及查阅相关佐证文献①，获得了加拿大商业银行会计行为和双重监管行为的证据。

加拿大商业银行的会计操纵行为至少包括：减少贷款损失准备计提、资本化利息、提前确认应收利息②、确认非利息收入等，这些手段与调整会计政策和会计估计方法配合运用，共同影响了会计报表和会计信息质量。

第一，虚增贷款评估价值的情况严重。通过高估抵押物价值、放松贷款风险认定标准等方式，推迟对不良贷款的确认，进而减少贷款损失准备的计提，以保证收益和监管指标符合要求。贷款组合是加拿大银行的主要资产，减少计提的后果是该行不良资产被隐匿和延迟暴露，导致风险未获得有效处置。有证据表明该行对于贷款价值的评估，评估正确率仅为 25%，该行资本更早的时候已经消失；第三方专家 Hitchman 审查的 84 笔

---

① 皇家委员会调查报告为：ESTEY，1986，Report of the inquiry into the collapse of the ccb and northland bank。相关报道包括：Estey to Release Report that Led to CCB Closing，Globe and Mail；"Bombshell" Report Describes Chaos in Operations of CCB，Globe and Mail；lawyers Question Value of CCB Report，Globe and Mail；Auditors Challenge Testimony on CCB Loans Review，Globe and Mall；CCB Solvency in Doubt for AImost a Year，Globe and Mail。文献参考了 Neu 和 Weight 的论文 "Bank failures，stigma management and the accounting establishment"，该论文侧重于分析各机构对加拿大商业银行倒闭的反应以加深对审计师声誉的理解。

② 资本化利息和确认应计收益的自由裁量行为目前已得到较好的约束和规范，但贷款损失准备的裁量依然存在。

贷款中，近三分之一的贷款缺乏借款公司的财务报表，部分财务报表过期且缺乏合适的细节来评估贷款。

第二，资本化利息、确认应计利息和确认非利息收入等环节存在问题。资本化利息环节，将当期应支付的利息资本化至以后各会计期间，有利于降低当期的成本，使当期财务报表利润更大。银行以吸收存款和在金融市场发行债券、同业拆借等方式纳入资金，对吸收的资金支付利息是主要的经营成本。加拿大银行将利息资本化至未来会计期间，推迟确认当期支出。确认应收利息环节，一方面虚增利息收入优化利润表，另一方面使贷款资产维持表面的资产质量减少贷款损失准备的计提。加拿大银行确认应收利息既有贷款人财务恶化无法按时支付利息的问题，也包括商业银行提前确认利息的问题。从 1983 年秋季开始，该行扩大估值基础，以便通过将应计利息记入银行的损益表来继续保持收入，在未收到利息、没有现金流流入的情况下，确认利息收入导致了收入虚增。根据银行应要求提交的利息资本化报告，由所有分行行长编写并签字确认的关于 1982 年至 1984 年的报告显示，全行共确认了 5 900 万美元的资本化利息，这些确认中至少有 50% 是存在错误的。在过去三个会计年度，如果剔除银行通过利息资本化和应计利息虚增的收益，银行该期间的账面收益将会大幅降低。确认非利息收入导致该行将实际为贷款收入的项目通过手续费收入进行确认，进而对贷款损失准备计提不足，违背了配比原则，同时使银行被迫保持一定的贷款增长速度以维护该部分收入。

第三，未充分披露会计变更的关键信息。上述资本化利息、提前确认应收利息、确认非利息收入、减少贷款损失准备计提等手段均需要通过调整会计政策或者改变会计估计方法方能具体实施，会计准则本身允许在一定程度上调整会计政策或者改变会计估计方法，但需要充分披露相关信息。而银行发布的财务报告和其发行证券时出具的招股说明书中，均未披露"与上一年度不同的担保证券估值措施，采取了降低银行贷款组合中不良贷款比例的措施"等信息。一些"心怀不满"的银行高管在出席调查时也发表了看法，他们认为银行本可以在财务报告中披露得更详尽一些，银行并没有在其发布的任何财务报表中披露注明这些问题。

皇家调查委员会认为，商业银行高管层采用各种"生存策略"（survival tactics），通过各种会计自由裁量权保持财务健康的表象，目的是争取时间来修复贷款组合中的问题。银行管理层显然已经详细审查过贷款质量，但致力于将收入和贷款组合的价值保存在资产负债表中，已经违背了商业银行应有的适度和审慎做法。同时，按照银行和银行会计的传统标准，该银行早该被视为资产和收益不足，银行管理层向股东提交的财务报表应受到质疑。

在调查委员会的调查报告发布后，普华永道于 1989 年以清算人身份代表相关方发起了一项民事诉讼，要求该银行的前高管、董事和审计人员赔偿 2.94 亿美元的损失。1990 年 11 月，该诉讼经庭外调解达成和解协议，银行管理层和审计人员同意支付总额 8 250 万美元的赔偿。这也佐证了商业银行的过度裁量行为。

二、双重监管之间的便车行为

代表金融行业监管的银行监察长 William Kennett 在该银行过度运用会计自由裁量权的过程中，其监管行为存在搭便车的问题，至少包括与管理层的"合谋行为"和过度依赖审计结果。

其一，金融行业监管基于"生存策略"的考量，存在与管理层的"合谋行为"。Kennett 赞同管理层的一般生存策略，因为他与管理层一样希望延缓问题的暴露以获得处置的时机，"以时间换空间"。银行能够延续生存的前提条件是加拿大西部的经济能够复苏，结果该地区经济并没有复苏，银行最终陷入困境。这种宽容进一步延迟问题处置时机。在经济未能复苏的前提下，实际上已经失去最佳处置时机，在问题无法扭转的情况下，最终即使知道了问题的严重性，监察长已无法提供任何解决办法，因此进一步放弃任何干预的机会。根据调查委员会的报告，调查委员会从银行监察长 Kennett 办公室内获得的文件显示，Kennett 早在问题公开之前就已经知道了银行的问题，该监察长也被部分人认为在这次银行倒闭事件中是"罪魁祸首"。这既是监管便车的行为，也是监管宽容的行为。

其二，金融行业监管未付出应有的查处工作时间精力。金融行业监管主体查处需要付出工作上的努力和时间，而监察长过度依赖审计结果，尽管证据表明监察长了解贷款价值的概念、计算方法，以及银行采用的操纵行为和会计方法。Kennett 在证词中表达，他几乎完全依靠审计员的审计报告数据来对该银行进行详细的财务分析（无论其表述的是托词还是真实情形，但从行动上看，Kennett 在前期确实没有质疑审计报告的任何问题）。

代表会计监管的审计人员在该银行过度运用会计自由裁量权的过程中，监管行为存在监管便车和监管宽容问题，至少包括：

其一，审计人员基于可获得的收益（主要包括业务收益和可能获得的寻租收入），选择了与管理层"合谋"。调查报告明确指出，审计人员表示他们在很多问题上都与管理层保持一致，例如，审计人员允许银行"基于未来可能出售的资产来评估抵押贷款的房地产和其他证券"。审计人员可能只会在没有证据表明借款人有可能继续经营下去的情况下才否定管理层在确认贷款损失方面的决定，没有体现出聘请审计机构的目的和发挥应有的作用，直到 1984 年 12 月均未暗示这家银行即将倒闭。审计人员未取得合理证据，过分依赖管理层，审计结果违背常识。调查报告显示，除了对会计规则运用尺度的把握和专业判断外，很多贷款未确认为坏账甚至是违背常识的，在 1983 年和 1984 年就存在的真正问题并没有在 1984 年的财务报表中反映，审计报告是显失公允的。按照媒体的报道，两位审计人员的证词表明该行的财务报表在一定程度上未能及时准确反映该行摇摇欲坠的状况，未让人们发现商业银行高管层的冒险策略和在避免确认巨额不良贷款上的操纵问题。

其二，会计监管未付出应有的查处工作时间精力，审计人员未取得合理证据（审计底稿）支撑其审计结果，过于信赖银行高级管理层。调查委员会报告显示，第三方专家 Hitchman 审查的 84 个账户中，缺乏近三分之一的借款公司财务报表，部分报表过期且缺乏合适的细节来评估贷款，Hitchman 认为很难从已有信息中获得贷款评估的合理证据；但审计人员与

Hitchman 沟通时表示并不存在这样的问题，因为他们获取了银行管理层提供给他们的信息。

还原双重监管主体行为，金融行业监管、会计监管主体之间相互搭便车的现象极其严重，银行内部过度滥用了两个监管主体搭便车所形成的裁量空间，直接造成了财务信息没有反映其真实经营状况。双重监管主体和商业银行三者之间"相互增信""相互背书"，在一种自我暗示和逻辑自洽的循环中使得会计自由裁量权被过度使用。在调查委员会的报告中，对于监管缺位问题有形象的描述：

在三方责任体系中，每个主体都从其他另外两个主体的行动（或不行动）中得到安慰。审计人员在履行了他们认为的沟通义务之后，认定财务报表公允地反映了银行的立场，并等待监管机构或董事会可能采取的任何行动，审计人员没有按照《银行法》要求的那样就一些糟糕的情况进行报告，而是选择沉默；审计人员的这种沉默加上其出具审计报告的事实行为，使董事会在提交报告时产生了一种虚假的安全感，董事会审计委员会审核后认为，这些资产负债表和损益表公允地反映了银行内部的情况；金融行业监管机构认为他们是完全依据审计师提供的数据进行监管的（从监察长 Kennett 事后的证词中可以看出），为自己开脱责任。

调查委员会认为，银行管理层、审计人员和金融行业监管之间复杂的关系和相互影响，导致很难区分各方在银行最终破产中的独立责任。出于政治考量需要，调查委员会在事实认定的基础上最终选择了一份三方都负有责任的调查报告。报告中提到，银行的审计人员、金融行业监管均未就各自在银行发现的问题发表应有的观点、没有履行应有的责任；审计人员对提交给股东的财务报表未发表合适意见，没有充分认识到财务报告中的问题是不可理喻的。第三方代表 Hitchman 的报告也揭示了外聘审计员和独立审计团在银行破产前的几年中未能有效地履行其各自的职能；普华永道发起的民事诉讼中针对审计人员的理由包括，审计人员玩忽职守，缺乏适当的技能，缺乏知识和谨慎，并且违反了他们的职责，导致未能公允地提供审计报告。

综上，金融行业监管、会计监管主体之间相互搭便车，银行内部过度滥用了两个监管主体搭便车所形成的裁量空间，是造成财务信息没有反映出其真实经营状况的直接原因。另外，双重监管主体搭便车与监管宽容互相影响。金融行业监管搭便车和实施宽容的策略包括：一是基于"生存策略"的考量，即寄希望于商业银行能够通过过度运用会计自由裁量解决银行危机问题，并认为能解决问题节约的成本大于可能造成的损失，选择了与管理层的"合谋"；二是金融行业监管未付出应有的工作上的努力和时间，选择了过度依赖审计结果。会计监管搭便车和实施宽容的策略包括：一是未付出应有的的工作上的努力和时间，审计人员未取得合理证据（审计底稿）支撑其审计结果，选择了依赖"管理层"；二是为获得业务收益和可能的寻租收入（收取更高的审计费用，以及之前在"历史问题"中形成的共同利益），选择了与管理层"合谋"。

三、案例启示及延伸思考

本案例最大的启示在于：金融行业监管、会计监管主体之间相互搭便车，并伴随着监管宽容，银行内部过度滥用了两个监管主体搭便车和监管宽容所形成的裁量空间，是造成财务信息没有及时反映出其真实经营状况的直接原因。而一旦双重监管之间互相搭便车，其对银行的监管效率并没有因为监管主体的增加而提高，反而因为监管之间"相互增信""相互背书"而降低。

我国与之相类似的案例，如前述锦州银行，可做延伸思考。锦州银行于 1997 年在城市信用社联合社的基础上组建成立，2015 年 12 月在香港主板上市。2019 年 4 月 1 日，锦州银行发布公告，原定于 2019 年 3 月 29 日披露的 2018 年年报延迟披露；并于 5 月 14 日再度延期。按照香港联交所的有关规定，锦州银行股票立即停牌。锦州银行于 2019 年 5 月 31 日发布公告，称董事会及审计委员会接获安永的辞任函，并更换国富浩华（香港）会计师事务所为新的合作方。

锦州银行发布的安永辞职公告内容摘录如下：

安永注意到有迹象显示银行向其机构客户发放的某些贷款实际用途与其信贷文件中所述的用途不一致。有鉴于此，安永已要求提供额外证明文件以证明客户偿还贷款的能力（尤其是可被强制执行的抵押物）及该等贷款的实际用途，旨在评估该等贷款的可收回性（未完成事项）。安永已提请本行管理层及审计委员会注意未完成事项。然而，于辞任函日期，安永与本行未能就处理未完成事项所需的文件范围达成一致。因此，安永未能完成截至二〇一八年十二月三十一日止年度的审计程序。就未完成事项而言，本行重申，其一直与安永紧密合作，提供所需的额外资料及文件，并与安永多次讨论未完成事项的拟解决方案，以尽快完成审计工作。然而，经过多次讨论，截至本公告日期，本行与安永尚未就未完成事项及完成审计的拟定时间表达成一致。

其一，根据安永辞职公告内容，锦州银行发放的贷款存在实际用途不符、无抵押物等情形，在安永之前的会计师事务所有没有发现该问题？如果之前的会计师事务所已经发现这个问题，是不是意味着在过去几年便应该增加贷款损失准备计提？

其二，2018 年之前，金融行业监管是否知悉其贷款用途、贷款抵押物缺失等相关情况？

由于无法获得更多公开信息，无法知道样本银行、金融行业监管、会计监管的具体行为，本书对上述问题没有确凿答案。金融行业监管主体是否实施了合适的监管行为，是否存在给予商业银行"生存机会"的情形，笔者仍不得而知。安永会计师事务所选择通过辞职的方式间接向市场"揭示"锦州银行过度运用会计自由裁量权的行为。本案例中，相对弱势的会计监管先于金融行业监管发现并"揭示"了问题。该案例给我们的启示之一：当商业银行会计信息质量存在问题时，但凡有任意一个监管主体选择"作为"而不是搭便车或实施监管宽容，都能够更加及时地揭示商业银行的问题。

会计监管与金融

行业监管关系篇

第七章　会计监管与金融行业监管关系分析

商业银行同时执行会计监管制度和金融行业监管规范。商业银行会计监管制度与金融行业监管规范是两个不同的制度体系，前者致力于证券市场透明，后者聚焦于金融市场稳定。双重监管存在差异又同时作用于商业银行，导致双重监管冲突、监管宽容和监管便车等行为。如前分析，解决监管冲突的一种方式是双重监管"脱钩"，另一种方式就是一方或双方妥协。那么，采用监管"脱钩"的思路是否存在现实难度？或者采用妥协的方式是一方妥协还是双方妥协？如前分析的监管过程中，金融行业监管存在对会计监管的干预，这种干预是偶然现象还是常见现象？这些问题都是本章试图回答的。本章同时试图通过分析寻求双重监管关系的可能出路，为提升监管效率提供启示。

第一节　会计监管与金融行业监管"脱钩"的困境

一、"脱钩"的观点和实践

一些会计界权威人士（Robert H. Herz，2010；David Tweedie，2008；刘玉廷，2010）、金融界权威人士（Adair Turner，2010）及学术界权威学者（Franklin Allen，2008；John C. Heaton 2010；Robert Bushman，2010；

Robert C. Pozen，2009）支持将商业银行会计监管与金融行业监管"脱钩"①，部分学者还进一步阐述了期望达到的效果。Robert H. Herz（2010）认为美国 GAAP 与金融行业监管规范应更大程度地"脱钩"，这样会计监管和金融行业监管履行各自使命的能力均会得到提升；会计监管可以保持独立性，不断推动上市公司提升市场透明度；金融行业监管可以利用其权力采取任何必要措施以确保金融稳定，不必非要将金融行业监管意图嵌入会计监管制度中。David Tweedie（2008）认为当前金融行业监管规范与会计监管制度捆绑在一起的做法是错误的，应该切断它们的联系，这样既能为金融行业监管操作创造更多空间，也能使会计监管的独立性得到保证。刘玉廷（2010）指出，会计监管目标与金融行业监管目标之间存在的差异势必影响到相关会计规定或者监管规定，为了满足不同的目标会计规定和监管规定需要分离。Robert（2009）指出，（商业银行）批评公允价值会计的核心原因是它腐蚀了银行的资本基础，没有必要非要协调两个完全不同的目标，如果银行可以全面披露其公允价值会计信息而不必核销其资本金额，则这一目标冲突问题就可以得到解决。

虽然在会计界和金融界都存在提倡"脱钩"的声音，但实施"脱钩"实践的机构主要是金融行业监管。①在 1981 年美国储贷危机爆发之初，"联邦住宅贷款银行委员会"（Federal Home Loan Bank Board，FHLBB）发布了新的监管会计原则（regulatory accounting principle，RAP），规定储蓄贷款银行出售前期贷款资产所发生的损失可以在贷款剩余年限内平均摊销而不是在当年全部确认，在出售贷款业务的处理上实践了会计监管与金融行业监管的"脱钩"，达到了既鼓励银行出售前期贷款资产又不发生资本充足水平触及法律红线的目的。②在 20 世纪 90 年代的"失落十年"中，日本监管机构也允许银行将先前按成本与市价孰低法计量的投资性债券改为按历史成本计量，还允许银行无限度地确认递延所得税资产。这些"脱

---

① 这些权威人士或学者用来表述银行会计监管与金融行业监管"脱钩"的词语有 decouple、delink、separate 等。

钩"措施使原本资本充足水平不达标的银行表面上满足金融行业监管要求，但导致其资产负债表上长期留有大量违约贷款资产和按历史成本核算的金融工具，严重地掩饰了银行不良财务状况。③为应对会计监管机构与金融行业监管机构在商业银行贷款减值准备核算方面的目标冲突问题，1999 年年末西班牙中央银行发布了基于"动态减值"模式的贷款减值准备核算规范，该规范于 2000 年 7 月 1 日正式生效。2004 年，为适应欧盟国际财务报告准则（IFRS）的需要，西班牙中央银行对最初的"动态减值"模式规范进行部分修订，将贷款减值准备由三类调整为两类，另外模型所用参数值也有部分调整。"动态减值"模式要求商业银行贷款资产拨备核算基于相关历史数据而非财务报告数据，也被认为是一种监管脱钩。④自2004 年国际财务报告准则（IFRSs）开始在欧盟 7 000 多家上市公司实施以来，巴塞尔委员会开始以发布"新闻公告"形式对新出台的、新修订的会计监管制度扩大公允价值应用所带来的挑战进行灵活处理，过滤掉财务报表中新增的不符合监管资本定义的要素。2004 年 6—12 月，巴塞尔委员会发布了三份新闻公告，对 IAS39 修订所引发的金融行业监管问题进行及时处理，如银行自身负债按公允价值计量产生的利得或损失不计入监管资本等。金融行业监管使用的"审慎过滤器"，也被认为是"脱钩"的一种。

于永生（2019）根据双重监管的已有实践，将商业银行会计监管与金融行业监管的"脱钩"模式定义为，金融行业监管指标核定不基于财务报告数据或者虽基于财务报告数据但可进行灵活筛选和调整。"脱钩"既包括银行资本核定完全摆脱财务报表数据（整体"脱钩"），也包括银行资本核定基于财务报表数据但进行部分删减或调整（部分"脱钩"）。整体"脱钩"实践案例较少，但部分"脱钩"实践案较多。这个定义也是基于金融行业监管角度提出的，从本质上看，这些"脱钩"并不是真正意义上的"脱钩"。上述美国储贷危机和日本"失落的十年"中的操作，都是银行会计监管与金融行业监管脱钩实践的典型案例，金融行业监管指标核定基于财务报表数据，但对财务报表数据调整与筛选的幅度和范围可以进一步扩大（或者可以随意调整），使商业银行不因财务报表反映了金融资产价格下跌（金融危机期间）而核减资本金。如前分析，实际上这是金融行业监管实施的一种监管宽容，这种宽容是金融行业监管对会计监管的一种干预，是金融行业监管为维护监管刚性，以牺牲会计监管制度权威性和一致性作为代价的。而西班牙中央银行的"动态减值"模式和审慎过滤器的使用，本质上是一种"监管替代"。即在正常情况，金融行业监管可以选择性地使用会计监管，也可以选择性地不使用会计监管。所以，金融行业监管视角下的"脱钩"是金融行业监管对会计监管的一种干预或者替代，是部分"脱钩"，并非真正意义上的"脱钩"。

而会计监管倡导的"脱钩"，核心目的是维护会计准则的独立性。周华和戴德明（2011）认为在贷款损失准备计提问题上，双重监管之间的分歧由"谨慎性原则"失当造成，两者分离是问题的可能解。郑伟（2010）认为贷款损失准备计提的预期损失模型破坏了会计准则的独立性。真实的情形是，金融行业监管基于自身的需要选择对会计监管进行干预，会计监管其实很难实现维护其独立性意义上的"脱钩"。那么，维护会计监管的独立性有无可能性？笔者认为，要满足"脱钩"，至少需要满足以下条件之一：第一，金融行业监管和会计监管可以相互独立，任何一方不以另一方的数据、系统作为基础和支撑，可以实现完全的分离。第二，如果无法完全独立和分离，会计监管的功能能够完全满足金融行业监管的要求，并且会计监管不会通过对银行会计行为的影响进而对金融行业监管造成影响。第三，若不满足前两个条件，会计监管需要比金融行业监管更加强势，或者在双重监管博弈中不处于弱势，以便实现会计监管的独立性。接下来，本书逐一分析上述条件的可能性。

二、会计监管对金融行业监管的作用和影响

随着全球化、国际化的金融市场和大型跨国商业银行不断涌现，公允价值计量的运用更加频繁，金融产品创新的风险持续加剧[1]。出于风险防范或者公平竞争的目的，国际金融行业监管制度、国际会计准则都分别沿着各自的轨迹逐步统一，双重监管之间、双重监管与商业银行之间，甚至国家之间形成了多维度的交汇。而会计监管对金融行业监管的作用和影响体现在两方面：会计监管为金融行业监管提供会计信息；会计准则也能通过影响银行行为和会计信息质量，进而影响金融行业监管效率。

一方面，会计准则是金融行业监管的基础条件、重要标准和重要工具。按照司振强（2009）对会计准则与监管规则关系的总结，具体体现在：会计信息是金融行业监管的基础，高质量会计准则有助于发挥市场约束对金融行业监管的重要补充作用，会计准则有助于提升监管效率，是促进金融发展的重要工具，能成为防范金融风险的重要工具，是金融危机后恢复市场信心的重要工具。会计准则之所以是基础和重要工具，源自金融行业监管对会计信息披露的依赖，虽然监管可以从多种渠道获取银行信息，但从成本收益角度，会计信息具有显性使用成本低、可比性强、信用度好、标准化程度高、结构多元化的显著优势。从目前国际国内的金融行业监管实际来看，各类监管指标中包含的大量财务指标，均依据会计准则计算。这也正是商业银行会计监管制度受到关注的根本原因：金融行业监管指标（尤其是资本充足率）核定要基于财务报表数据，财务报表是按照会计监管制度编制出来的；金融危机期间金融资产市场价格大面积、大幅度下跌的情况下会计监管要求财务报表反映这些市场变化，导致银行核减资本金（也侵蚀其他金融行业监管指标）；如果金融行业监管指标低于监管标准，则引发监管干预或破产。如果商业银行的金融行业监管指标核定不是基于财务报表数据，虽然财务报表反映了金融危机期间金融资产价格下跌情况但商业银行不必核减资本金，也不会遭遇监管干预或破产威胁，则金融行业监管不会干预会计监管，可以实现"脱钩"。

---

① 巴塞尔委员会（2017）总结了助推2008年全球金融危机的三大趋势：全球化、国际化的金融市场和大型跨国商业银行，证券市场、公允价值计量和表外融资的作用加强，日益复杂的金融产品创新。

另一方面，会计准则对商业银行行为存在制度激励，进而影响金融行业监管效率。于永生（2017）总结了会计准则对金融行业监管的四种影响路径：金融资产计量会计规范、金融资产分类会计规范、金融资产减值会计规范、"特殊目的主体"（SPE）并表会计规范。一是金融资产计量会计规范对金融行业监管的影响。自20世纪90年代以来公允价值在金融工具计量中使用的范围不断拓展，会计计量规范对金融行业监管的影响主要就是公允价值计量对金融行业监管的潜在影响。按公允价值计量的金融资产在商业银行总资产中普遍占有较大比重。金融资产计量规范对商业银行资本影响可总结为三点：①使收益大幅度波动；②使资本充足水平大幅度波动从而引发监管风险；③负面影响远远大于正面影响，即在经济下行、金融资产市值下跌时盈利能力和资本充足水平下降的幅度，远远大于经济上行、金融资产市值上升时盈利能力和资本充足水平上升的幅度。二是金融资产分类会计规范对金融行业监管的影响。金融资产分类规范对金融行业监管的影响是通过影响计量规范选择和计量结果确认而实现的，也是通过影响按公允价值计量且其变动计入损益金融资产的规模实现的。如果商业银行划归为交易性金融资产的数量大，则对金融行业监管影响大；反之则小。从这个角度看，计量规范对金融行业监管的影响与金融资产分类规范对监管资本的影响是一个问题的两个方面。但金融资产分类规范对金融行业监管的影响具有独特性，主要体现在两方面：商业银行在金融资产初始分类时具有一定选择空间；在金融资产持有期间可行使重分类选择权。三是金融资产减值会计规范对金融行业监管的影响。金融资产减值会计规范要求商业银行将所确认的减值损失计入损益，因而对监管资本核算产生直接影响。金融资产减值对金融行业监管影响可划分为两类：贷款减值的影响，其他金融资产减值的影响。贷款减值准备对监管资本核算影响体现在两方面：会削弱一级资本，是监管资本的扣减项；可能计入二级资本，是监管资本的增加项。同时，还要考虑税收、二级资本限制计入条件等因素。其他涉及减值问题的金融资产有可供出售金融资产、持有至到期投资和无报价权益工具投资等。与贷款减值相同，这些金融资产减值的会计处理也主要依据估计和判断，因此商业银行也可能利用相关减值操作影响监管资本充足水平。四是 SPE 并表会计规范对金融行业监管的影响。除了金融资产会计处理规范之外，另外一些对金融行业监管产生重要影响的会计规范是与 SPE 并表相关的会计规范。这些规范界定商业银行的某些表外业务是否应并表列报，进而确定它们是否应纳入监管资本核算之中。在商业银行各类表外业务中，资产证券化业务对金融行业监管核算的影响是最大的，焦点是商业银行为资产证券化之目的而创设的 SPE 是否应并表。在2008 年全球金融危机之后，如何通过完善企业合并财务报告相关会计规范以限制商业银行资产剥离行为，进而约束商业银行肆意扩充社会信用，成为关注焦点。

很显然，上述分析所体现出来的双重监管关系中，会计监管为金融行业监管发挥基础作用，并且通过对商业银行会计行为的影响进而影响金融行业监管效率，因此，本节第一部分分析中双重监管实现"脱钩"的前两个条件并不满足。

三、金融行业监管的地位

如前分析，从客观上看，金融行业监管在资源配置权、牌照赋予权、危机处置能力方面具有优势。金融行业监管的影响力更大、资源配置权更大；牌照赋予权方面，最典型的就是经营牌照的发放，经营牌照往往是稀缺的，具有经济价值，许多国家设立银行均需要经过严格的资格审批，所以金融行业监管具有牌照赋予权①；商业银行董事高管的任职资格批复，需要满足条件后由金融行业监管出具，否则不予审批，而资本市场要求董监高只要不存在禁止情形均可任职。吊销经营牌照与发放牌照类似，以金融行业监管为主。危机处置方面，危机处置或实施救助主要由金融行业监管负责，比如包商银行、锦州银行都需要金融行业监管实施救助，目前包

---

① 而会计监管不一定具有牌照赋予权，比如企业公开上市，证券发行实行注册制后牌照赋予权将会弱化（很多国家均实行注册制，我国也在逐步推行）。

商银行仍在银保监会接管中，锦州银行仍在接受金融行业监管与国有银行的救助，这些问题银行都主要由金融行业监管调动各种资源来处置。据此我们可以发现，双重监管行为实施过程中的权力存在差异，在监管主体之间，金融行业监管更加强势，比如，金融行业监管可以干预会计准则的制定；而会计监管既无动机也无能力干预金融行业监管规则的制定。金融行业监管机构肩负防范系统性风险、维持经济稳定的任务，具有"监管者之王"（king regulator）[①]的强势地位和权威性。因此，本节第一部分分析中双重监管实现"脱钩"的第三个条件并不满足。

综上所述，"脱钩"既不合适也不现实。"脱钩"虽然能够快速地解除金融行业监管对商业银行的约束和干预，维系其运营，暂时性地避免政府救助，却容易形成一味地通过监管容忍回避问题而不是解决问题的氛围，错失了监管干预和问题处理的最佳时机，只能靠政府的反复注资来维持问题银行的经营，最终产生更大的风险和更高的救助成本（Linsmeier，2011）。双重监管"脱钩"导致的结果是，无论会计监管视角的会计信息透明度，还是金融行业监管视角的稳定性、风险防范都未得到保障。

第二节　金融行业监管对会计制度的干预

金融行业监管对会计监管的干预是一种必然行为和现实选择。为提升会计信息对金融行业监管的适用性和监管效率，金融行业监管机构既有意愿也有能力干预会计监管。金融行业监管机构越来越重视会计准则，积极与会计准则制定机构保持密切交流与沟通，通过影响会计准则制定来减少会计准则变化对金融稳定的影响（王守海 等，2018）。在所有行业监管中，金融行业监管对会计准则的关注度最高，其原因就是会计信息对金融行业监管目标和监管效果产生实质性影响。

[①]　在 Chester（2010）的文章中有该表述。

一、金融监管对国际会计准则的质疑

在 IAS39 生效前，商业银行经营业务划分为"银行业务"账户和"交易业务"账户两类，前者按摊余成本（历史成本）计量，后者按公允价值计量；作为套期工具的衍生产品，出于一致性地报告利得或损失考虑，与被套期项目的会计处理保持一致，即如果衍生产品套期"银行业务"账户项目，就按摊余成本计量，如果衍生产品套期"交易业务"账户项目，就按公允价值计量。但在 IAS39 生效后，上述银行业务处理方法面临较大幅度调整。IAS39 将金融资产划分为交易性、准备出售、持有至到期三类，前两者按公允价值计量，持有至到期金融资产按摊余成本计量；所有衍生产品，不论是为交易而持有还是为套期而持有，均按公允价值计量。

巴塞尔委员会（2000）对 IAS39 的忧虑主要集中在以下两方面：第一，以摊余成本报告大多数负债，但以公允价值报告大多数资产的做法，会增加银行收益和权益大幅度波动的风险，且这种波动无法反映银行内在风险管理状况；第二，所有衍生产品均按公允价值计量的做法将促使银行改变其使用衍生产品对其"银行业务"账户项目套期保值操作，致使银行偏离最佳风险管理模式。巴塞尔委员会（2000）认为，上述做法妨碍了银行的稳健风险管理操作，可能人为增加银行业经营风险。

欧洲中央银行（ECB）（2006）认为，从整体上分析，国际会计准则是原则导向的，但 IAS39 关于套期会计的规范却具有规则导向的特征。在可靠与相关价值信息方面，ECB（2006）认同国际会计准则理事会更多地使用公允价值的做法，但对以下几方面存有疑虑：一是市场报价并非总是可靠与相关的信息（如流动性不足的市场），二是基于模型的公允价值估值可能并不可靠与相关，三是贷款等信用资产的公允价值信息可能并不可靠与相关，四是活期存款负债的账面价值信息可能并不可靠与相关，五是自身信用恶化导致债务价值降低而产生的利得不应予以确认。在确认风险的分布和强度方面，ECB（2006）认为，活期存款负债的价值对利率有敏感性，但 IAS39 并未对此予以确认，IAS39 计量资产的公允价值，但禁止将活期存款作为被套期项目的做法会引发并不反映内在经济风险的收益和权益波动。在提供可比财务报告方面，ECB（2006）认为，国际会计准则存在三个方面的问题：一是金融资产分类处理方法会导致相同金融资产在不同银行中有不同处理结果，二是公允价值选择权会导致相同金融资产在不同银行中有不同处理结果，三是套期会计分类和处理方法会导致相关金融工具会计处理的差异。在描述银行财务状况（偿债能力、获利能力、流动性）方面，ECB（2006）认为，在财务报表中确认金融工具公允价值计量所产生的未实现利得和损失是一种不稳健的做法，现金流量套期也增加了银行资本状况的不透明性。在会计准则是否有助于稳健风险管理方面，ECB（2006）认为有五个问题：一是在套期会计中，套期的有效性取决于套期项目与被套期项目的公允价值变化，而不是风险敞口下降的程度，与风险管理实务操作不符；二是 IAS39 禁止将活期存款设计为被套期项目的规定不利于银行风险管理；三是被衍生产品套期的贷款资产的规定影响银行风险管理；四是禁止将持有至到期投资设计为被套期项目的规定影响银行风险管理；五是在相同经济条件下，银行在公允价值套期和现金流量套期上的选择权会对银行收益和权益产生不同影响。在鼓励面向未来的风险确认操作方面，ECB（2006）认为，IAS39 按摊余成本计量的金融资产的减值处理规范不符合面向未来的风险操作要求。在避免银行行为的负外部性方面，ECB（2006）认为避免负外部性出现的前提是会计准则反映的情况应与经济现实状况保持一致，但计量贷款公允价值及确认自身信用下降所产生的利得等操作与经济现实不符，易产生负外部性。

按照美国证券交易委员会（SEC）撰写的研究报告①，"在《美国紧急经济稳定法案》通过前几个月内，一些人指出，公允价值会计引发金融市场动荡；他们认为，公允价值会计要求金融机构按照不恰当的减值价格报告所持有证券投资，这些减值是市场不活跃、流动性枯竭或投资者非理性的结果，不能反映这些证券投资的真实经济价值；他们进一步指出，基于

---

① SEC. Study on Market-to-Market Accounting, Executive, page 1, December 2008.

公认会计原则的财务报告与金融行业监管资本要求之间是相互关联的，在无法获得充足资本抵消证券投资减值情况下，这种关联性会导致老牌商业银行倒闭；他们认为，额外资产要求、银行倒闭和巨额减值信息将对市场和价格产生严重负面影响，引发进一步价格下跌和市场动荡"。

二、金融监管对会计监管制度提出的预期标准

2000 年 4 月，在七国集团的要求下，巴塞尔委员会发布了一份专项研究报告，从金融行业监管机构角度分析了国际会计准则可能产生的影响。该委员会首先提出一个评价会计监管制度的标准。巴塞尔委员会认为，从金融行业监管机构角度看，会计监管制度应满足以下三条一般标准：一是会计监管制度应有助于银行的稳健风险管理和控制，或至少与其一致（而不是妨碍），应为银行编制高质量会计信息提供一个审慎和可靠的框架；二是会计监管制度应通过提高银行财务和业绩状况、风险敞口、风险管理等方面信息披露的透明度，推动市场约束作用的有效发挥；三是会计监管制度应有助于推动（而不是抑制）银行有效监管。

在上述基本标准下，巴塞尔委员会（2000）还提出 10 条具体评价标准：①会计准则应导出相关并有意义的会计信息；②会计准则应采用审慎且具有操作性的财务状况与业绩的计量属性；③会计准则应采用可靠的财务状况与业绩的计量属性[①]；④会计准则不仅应具有合理的理论基础，还应具有可操作性；⑤会计准则不应过于复杂；⑥会计准则对相似或有关联项目应采用一致计量属性；⑦会计准则应充分清晰明确，以确保得到一致的应用；⑧会计准则最好不提供选择性处理方法，如果提供可选处理方法或在应用会计准则时有必要进行判断，应要求进行可比性的信息披露；⑨披露应充分全面，便于评估银行财务状况与业绩、风险敞口、风险管理活动等；⑩国际会计准则不仅应适合于在发达市场实施，也应适用于新兴市场国家。

---

① 作为可靠性标准的一部分，委员会认为，公允价值会计信息必须具有可审计性。

2006 年 12 月，ECB 发布了一份专项研究报告——《基于金融稳定视角的会计准则影响评估》。与巴塞尔委员会（2000）报告相似，ECB 首先提出一个评价会计监管制度的标准。ECB（2006）认为，从金融稳定角度分析，会计监管制度（会计准则）应满足以下 10 项指标：①原则导向会计；②使用可靠与相关的价值信息；③确认风险的分布和强度；④提供可比财务报告；⑤提供清晰和易懂的财务报告；⑥描述银行财务状况（偿债能力、获利能力、流动性）；⑦会计准则应有助于稳健风险管理；⑧鼓励面向未来的风险确认操作；⑨避免银行行为方面的负外部性，增加银行行为方面的正外部性；⑩有助于提振市场信心、完善公司治理[1]。

欧盟内部市场和服务委员查理·迈克里维（Charlie McCreevy，2008）在一次讲话中指出："我们正竭力敦促对我们的会计制度进行修订，以保证欧盟的银行和美国的银行一样获得一些灵活处理的空间，即给予银行将'交易账户'资产转移到'银行账户'的选择权。"[2]

中国银行业监督管理委员会副主席郭利根在中国金融会计学会 2010 年学术年会上的演讲中提道，会计准则不但有技术性，还有社会性，将制定会计准则仅仅当作一项技术性工作的观念已不能全面反映会计信息所具有的经济后果和外部性，必须从技术性和社会性两个角度来认识和完善会计准则，这样才能得到各利益相关方的认同。会计准则将更具前瞻性和审慎性。会计准则对金融市场的影响程度不断增加，对会计准则的认识更需要突破会计信息的局限，站在促进经济金融发展的高度来把握会计准则的未来发展。为维护金融稳定、促进金融市场健康发展，会计准则在计量、确认和披露方面应更多体现前瞻性和审慎性。会计准则不仅是会计信息标准，也是金融行业监管的标准。会计准则与金融行业监管理念的融合与互动将成为国际会计准则和金融行业监管规则发展的重要趋势。会计准则制定机构与金融行业监管机构应从危机中吸取教训，加强互动，为不断完善

---

[1]　ECB. Assessment of Accounting Standards from a Financial Stability Perspective, P9–13, December 2006.

[2]　Charlie McCreevy. Lamfalussy, Follow up: Future Structure of Supervision, 8 October 2008.

市场规则而共同努力。

三、金融行业监管机构对会计监管制度的具体要求

于永生（2019）将巴塞尔委员会与欧洲中央银行对会计监管制度的要求整理为以下几方面：一是一般性的要求，这些要求与 IASB 和 FASB 所提出的会计信息质量要求一致，如可理解性、可靠性、相关性、可比性等；二是风险披露要求，如巴塞尔委员会在一般标准和具体标准中均强调银行风险敞口和风险管理情况的信息披露，欧洲中央银行也要求披露银行风险分布和强度方面的信息；三是审慎与稳健要求，如巴塞尔委员会要求会计准则使用审慎（prudent）的计量属性，欧洲中央银行要求会计准则应有助于银行稳健（sound）风险管理；四是服务于金融行业监管要求，如巴塞尔委员会在一般标准中强调，会计准则应推动（而不是抑制）银行有效监管；五是面向未来的风险确认要求，如欧洲中央银行强调，会计准则应鼓励面向未来的风险确认操作；六是预防系统性风险要求，如欧洲中央银行认为，会计准则应避免银行决策行为产生负外部性，应有助于提振市场信心等。

在金融行业监管机构看来，会计准则所监管的会计信息系统不应仅局限于提供具有可理解性、相关性、可靠性和可比性的一般性信息，还应反映风险状况、审慎并稳健，从而能够确保金融行业监管政策得到有效实施。金融行业监管机构对会计监管制度的要求源于其确保金融系统稳定与安全的目标，它希望会计监管制度能为其所用，能更多地专注于金融系统稳定与安全，换言之，金融行业监管机构希望会计信息由一般性信息转变为专用性信息，这可以从欧盟针对 IFRS9 的具体要求中解读出来。具体见表 7.1。

表 7.1　欧盟针对 IFRS9 所提出的要求及 IASB 的措施

序号	欧盟相关各方所提出的要求	IASB 的措施	是否满足要求
1	ECOFIN 要求在 2009 年年底前完成对"可供出售"债务工具减值基础的修订，放弃使用公允价值基础	IFRS9 规定，以摊余成本计量债务工具的减值要基于其现金流量，不是公允价值；IFRS9 在 2009 年 11 月发布，便于欧盟认可和企业在 2009 年采用	满足
2	欧盟委员会认为，IFRS9 导致公允价值应用范围扩大，对此深表忧虑	IASB 强调，IFRS9 的目标不是扩大或缩小公允价值应用范围，而是保证金融资产所使用的计量属性能为投资者预测其实际现金流量提供有用信息。IASB 改变了对"结构性信用工具"和不良债务的最初建议，允许按摊余成本计量，还严格控制了公允价值选择权的应用范围	基本满足
3	欧盟委员会认为，摊余成本的应用条件过于苛刻，应以"经营模式测试"为主。另外，欧盟委员会认为，信用工具和不良债务的会计处理不够恰当	IASB 将"经营模式测试"放在第一位；如上文所述，IASB 改变了对"结构性信用工具"和不良债务的最初建议	满足
4	欧盟委员会指出，IFRS9 导致会计政策反复，即按 2008 年 10 月"金融资产重分类"的规定实施重分类的企业再次面临会计政策调整；另外，经营模式变更时应允许进行重分类	IASB 改变了对"结构性信用工具"和不良债务的最初处理建议，这不可避免地会导致对一些工具进行重分类，但这些重新分类的资产将按摊余成本计量，这是欧盟希望的结果；IFRS9 允许在经营模式变更时进行重分类	满足
5	欧盟委员会认为，对于"按公允价值计量且其变动计入其他综合收益"的权益工具而言，应允许转回处置时实现的利得（或损失），其股利在损益表中确认	IFRS9 征求意见稿原本禁止对"按公允价值计量且其变动计入其他综合收益"的权益工具确认利得（或损失）；正式的 IFRS9 要求将上述权益工具的股利收入计入损益	不满足

表7.1(续)

序号	欧盟相关各方所提出的要求	IASB 的措施	是否满足要求
6	欧盟委员会认为，IFRS9 的实施会对保险企业产生很大影响，因为保险合同项目尚未完成，缺少相应负债计量的指南	IASB 将 IFRS9 的生效时间确定为 2013 年 1 月，与保险合同项目预计的生效时间一致；IASB 指出，如果保险合同项目推迟，IFRS9 的生效时间也将相应修订	满足
7	IFRS9 征求意见稿禁止对"嵌入式衍生工具"进行分拆，欧盟委员会对此提出质疑；欧盟委员会认为，"嵌入式衍生工具"（尤其是金融负债）的分拆处理是合理的	IFRS9 禁止对金融资产进行分拆会计处理，但允许对金融负债实施分拆会计处理	满足
8	欧盟委员会对金融负债放在第一阶段范围之内表示担忧	在进一步研究之后，IASB 决定将金融负债排除在第一阶段之外，在发布 IFRS9 之后再进行研究	满足
9	欧盟委员会要求 IASB 减少提前采用企业的过渡期间负担	与征求意见稿比较，IFRS9 大大减低了过渡要求，2012 年前采用的企业不必重述比较财务报表	满足
10	欧盟委员会希望 IFRS9 与美国 GAAP 的相关规范趋同	金融工具项目是 IASB 与 FASB 的联合项目，其目标是形成统一的规范	满足

资料来源：www. iasplus. com/pressre/0911ifrs9feedbackeu. pdf.

对于欧盟相关部门提出的 10 个具体问题，IASB 均做出了积极回应。在对 IFRS9 征求意见稿的相关建议进一步考虑的过程中，IASB 依据欧盟的建议逐一做出修订，这些修订符合欧盟要求的有 8 处、基本符合欧盟要求的有 1 处、不符合欧盟要求的有 1 处。从整体上看，IASB 在不改变项目目标的前提下最大限度地满足了欧盟的各项要求。在欧盟所提出的问题中，最重要的是公允价值应用、减值和分类标准三方面，核心问题是公允价值应用。欧盟希望新的金融工具会计规范能压缩而不是扩大公允价值计量的应用。因此，欧盟提出金融资产分类以"经营模式"为主要判断标准的原则，同时还提出在"经营模式"改变时企业可以对金融资产进行重分类。

这两点建议最终均被 IASB 采纳。这意味着金融机构在选择特定金融工具的计量属性方面基本上具有完全的自主权力，也意味着这些金融机构利用会计规范操纵利润的空间增大。自 20 世纪 90 年代以来，金融工具会计的发展趋势是逐渐地压缩金融机构利用会计规范选择权操纵利润的空间，欧盟的上述建议显然是与这种趋势背道而驰的，但仍为 IASB 所接受，这说明欧盟对 IASB 的影响力是巨大的。如有位学者写道："每天夜晚，IASB 将与欧洲（而不是美国）同眠。"① 对 IASB 与欧洲关系的形象描述也影射出了欧盟对 IASB 的强大影响力。

早在 2008 年 10 月，欧盟委员会就敦促 IASB 允许对金融工具做出重分类，之后又在其他方面提出一些新的要求，并要求 IASB 在 2009 年年底前完成对金融工具准则的相关修订工作，其核心目的是要求 IASB 减少公允价值计量应用范围，例如，要求扩大金融工具重分类的适用范围、保留对嵌入式衍生工具的拆分处理等，这些要求的目的都是给企业使用摊余成本提供更大空间。在 IASB 实质性地启动并全力推进金融工具分类与计量项目后，欧盟委员会确信其所关注的新问题能在该项目研究中得到妥善解决，因而要求 IASB 加速项目研究工作以便欧盟企业可以在编制 2009 年财务报告时予以采用。例如，在对 IFRS9 征求意见稿的回复函中，欧盟委员会首先提及 IASB 在 2009 年 6 月对 ECOFIN 委员会所做的承诺，即在 2009 年年底前完成金融工具分类与计量项目并给欧盟的认可程序留有一定时间。另外欧盟委员会还指出："不要忘记我们在 2008 年 10 月 27 日信函中所提及的重大问题，这些问题应该在本年内解决。"② 在重新考虑对 IFRS9 征求意见稿的建议的过程中，IASB 充分考虑并基本满足了欧盟委员会所提出的要求。根据表 7.1 的统计，对欧盟相关各方提出的 10 个具体要求，IASB 均做出了积极回应，90% 的要求最终得到了满足。另外，IASB 安排在 2009 年 11 月 12 日发布 IFRS9 终稿，主要也是基于欧盟需要的考虑。这

---

① David Albrecht. E. U. Bids to Buy IASB, 28 January 2009.

② European Commission. Exposure Draft Financial Instruments（IAS39）：Classification and Measurement，15 September 2009.

样的安排使欧盟委员会有时间在年内完成相关认可程序，从而确保欧盟企业在编制 2009 年度的财务报告时能够采用新准则。国际会计准则委员会基金会主席 Gerrit Zalm（2009）坦言："在重新考虑征求意见稿建议过程中，IASB 对欧盟委员会所提建议予以特别关注。"[①] 另外，时任 IASB 主席 David Tweedie 指出："在加速完成项目第一阶段工作过程中，我们对欧盟所表达的强烈要求予以积极回应，使企业可以在 2009 年采用新准则。"[②]

本书认为，从来没有哪个行业监管，像金融行业监管一样对会计准则保持如此高的关注度。究其原因，所有的行业监管，都不如金融行业监管与银行的交互程度深，比如，可以将安全生产监管规则视作一种经济监管规则（佟玲，2014），但安全生产监管是针对各类企业，并不仅针对银行，而且安全生产监管不直接使用会计数据[③]，税收监管[④]虽然与会计监管共用会计数据，但是税收监管也是面对所有行业和企业征税。唯有金融行业监管，既专门监管银行业，又与会计监管共用会计数据，所以金融行业监管对会计监管干预动机强。

接下来，本书将分析如何看待金融行业监管对会计监管的干预，以及会计制度的变迁。

第三节　商业银行会计制度的变迁

制度变迁可界定为从一种制度安排，经过人们的修正、更改、替代、转换、废除、创立、创新等各种方法而变为另一种新的制度安排，包括制

---

① 参见 Gerrit Zalm 的信. Letter to Mr McCreevy, 18 November 2009.

② David Tweedie. Prepared Statement to the Meeting of the COUNCIL of the European Union, 16 March 2010.

③ 常勋教授（1996）述及关于安全生产和职工保护的会计问题，但安全生产监管对会计数据的使用总体较低。

④ 在某些国家，税收监管与会计监管主体相同，如我国的财政部便兼具税收监管和会计监管特征。

度变革、制度变化、制度更新等。如上述分析，当金融行业监管既有动力也有能力对会计制度进行干预时，会计制度必然受到影响，无法完全按照自身规律和轨迹变迁，因此，商业银行会计制度变迁蕴含着会计监管基于双重监管博弈所做出妥协的成分。同时应看到，会计监管对制度的调整，也是基于监管对象（商业银行）实际情形的"回归"过程，因为会计制度是针对所有企业制定的，并未充分考虑商业银行的特殊性。对于会计制度变迁的分析，有利于我们做出正确的选择：是据理力争地恢复会计的独立性，还是顺势而为地对会计制度加以拓展和完善。

一、会计制度变迁的具体体现

概括起来，会计制度变迁至少体现在三个方面：一是金融会计准则的角色有所拓展，从公司治理上升到了社会治理的层面；二是功能有所扩展，从传统的资产计量职能延展到兼具风险覆盖职能；三是立场有所转变，由坚持客观中立变成在一定的时候有所容忍（金融行业监管宽容向会计监管宽容的渗透）。

（一）角色拓展：从公司治理到社会治理

公司治理源于企业所有权与经营权的分离以及由此产生的委托—代理问题，作为一套制度安排，其核心目的是保证公司剩余索取权与剩余控制权的匹配，保证激励与监督相容，以实现股东等利益相关者利益最大化。会计作为一个信息系统，提供了企业经营业绩、财务状况和现金流量情况等企业关键信息，有助于缓解委托人与受托人信息不对称，在一定程度上保证剩余索取权与剩余控制权的匹配、激励与监督目标的相容。

从社会治理的角度看，会计的角色正在从财富计量、价值创造的经济发展功能演变为"风险防范"的政治稳定功能。在金融会计准则中，"经济效益"不是其考虑的唯一因素。金融行业监管的制度基于"风险防范"需求，出于更高层面的动机，致力于实施"宏观治理"，当宏观制度需要微观制度（略低一层的会计准则）为其所用时，微观层面的制度就要体现宏观制度的思想。准则修订时就会做出让步，会吸纳金融行业监管的思想。比如，在2008年全球金融危机中，金融产品交易行情起伏的背景下，使用公允价值计量产生了一定程度的顺周期效应，在行情高涨时因公允价值计量而形成丰厚的账面盈利，良好的业绩进一步推动衍生金融产品走高，并产生分红压力，导致了危机的加深，因此，解决顺周期被作为会计准则的社会治理职能之一。

（二）功能扩展：从资产计量到风险覆盖

财务报告的目标主要在于满足信息使用者的决策需要，因此，对商业银行贷款计提损失准备的会计目标在于向信息使用者提供贷款价值方面的客观信息。商业银行的贷款应当满足资产的定义，也正是基于此，才会出现违约贷款的核销和减值贷款的价值减记处理，即不再满足资产特征的贷款不能够继续表现为报表中的资产。财务报表中贷款的价值取决于对贷款的计量结果。从国际、国内会计准则规范来看，银行贷款大多采用摊余成本计量，通过对贷款未来现金流量的现值与账面金额的差额来计提贷款减值准备，并在此基础上报告贷款的价值及其实现的收益。资产计量目的的贷款损失准备计提，被认为普遍存在滞后性，并具有亲周期性，2008年全球金融危机后更是广受诟病。

风险覆盖目的的贷款损失准备计提思路充分体现了金融行业监管的思想。各国金融行业监管机构的共同目标主要在于维护银行业的稳定经营，防范和化解金融风险。以巴塞尔协议为代表的金融行业监管目标在于加强银行的抗风险能力，巴塞尔协议的演进也基本上围绕覆盖风险的资本充足程度来进行。因此，金融行业监管目的的贷款损失准备在于覆盖风险。根据现代商业银行风险管理理论，商业银行风险造成的损失根据性质的不同可以分解为三个层次的损失，即预期损失、非预期损失和异常损失。预期损失是指在正常情况下银行在一定时期内可以预见的平均损失，这类损失通常通过调整业务定价和提取相应准备来覆盖；非预期损失是指超出正常情况下的损失水平，对于这部分损失银行必须有充足的资本来覆盖。在其持续经营过程中，商业银行一般从当期损益中计提一定数量的拨备来覆盖出现的各类风险，可以表示为预期损失。使用预期损失模型需要考虑多重参数，包括违约概率，即未来违约发生的可能性；违约损失率，即违约发生后，违约损失占风险暴露总额的比例；违约风险暴露，即由于违约发生而可能承受的风险余额。由于贷款减值准备的计提直接影响到银行的财务业绩，预期损失法需要多重参数，需要运用较多的主观判断，现实中存在减值准备是否能够如实反映贷款价值的问题，还需要实践检验。但是，从以往的纯资产计量到当前的风险覆盖肯定拓展了会计准则的功能。

（三）立场变化：从中立披露到监管容忍

如前分析，监管容忍是指金融行业监管机构允许监管资本不足银行继续经营，期望它们降低风险头寸并修正其他问题，恢复到标准监管资本水平，其目的是减少存款保险基金损失及其他救助成本，如 FDIC（1997）指出，监管容忍是非常符合成本效益原则的存款保险基金保护机制。

金融行业监管机构为减少保险基金损失，降低或放松金融行业监管政策的执行标准，这在金融危机期间是司空见惯的现象。且由于会计监管与金融行业监管捆绑在一起，这种监管容忍进一步向会计监管领域扩散，要求降低或放松会计准则执行标准。这种由金融行业监管容忍引发的会计监管容忍问题在 20 世纪 80 年代美国储贷危机时期和 2008 年全球金融危机期间均存在。储贷危机时期，金融行业监管机构允许大量资不抵债储蓄贷款银行继续经营，其做法是操纵会计监管制度，制造出它们仍然稳健经营的假象，如将净资产要求由 5% 降至 3%，允许对资产损失摊销处理而不是立即确认，将短期债务调整为备抵资产等。通过操纵储蓄贷款机构净资产，金融行业监管机构推迟关停许多市场价值资不抵债的储蓄贷款银行（Edwards，2011）。2008 年全球金融危机期间，金融行业监管机构向会计准则制定机构施压，要求放松会计监管执行标准。如在欧盟游说压力下，IASB 允许证券投资重分类，从而避免确认大额减值损失。另外，迫于金融机构压力，美国财务会计准则委员会（FASB）被迫放松公允价值计量的执行标准。

会计监管容忍问题是会计监管与金融行业监管捆绑所致，金融行业监管机构将监管容忍的做法拓展到影响监管资本核算的会计监管制度，从更多方面粉饰商业银行的经营问题，努力维持商业银行经营状态，减少存款保险基金损失。梳理监管宽容的案例发现，会计监管既存在主动宽容，也存在被动宽容，从结果来看，会计监管在商业银行会计上面并没有始终如一地维护其独立性和中立地位，成为一个客观事实。

二、金融会计制度变迁的特征

第一，处于弱势一方的会计准则更多地做出了妥协。制度是为了规范人们的相互关系而人为设定的一系列制约，其主要作用是建立一个人们相互作用的稳定的结构来减少不确定性。当谈判力量对比发生变化以及组织的偏好发生转变时，制度变迁随之发生，组织偏好会勾画出制度变迁的方向。制度是博弈、冲突的结果，制度变迁是人们互动的过程。制度变迁的过程是各个利益集团为实现自身利益最大化而谈判的过程，博弈的过程也是制度变迁的过程，博弈的均衡即是新的制度均衡。利益主体的力量对比将决定制度变迁的方向、速度、形式及其绩效。因此，监管制度与金融会计准则差异的存在导致了两种制度的天然不可调和，这是冲突的必然，也是制度变迁的根本原因，而在变迁过程中，因为会计监管的力量处于弱势，变迁方向就体现为会计准则更多地做出了妥协。

第二，会计变迁是诱致性变迁和强制性变迁的结合。变迁包括诱致性变迁和强制性变迁：诱致性制度变迁指的是制度的创新是由某个群体（因制度不均衡导致机会不均等时）所自发倡导、组织和实行的制度变迁；而强制性变迁由政府命令和法律引入和实现。会计监管变迁的过程中，既有诱导性的力量，又有强制性的政府力量，社会事件在会计监管变迁中的诱导性作用和政府在其中的强制性作用都比较强。会计监管并不是与生俱来的，也不是单纯的思想力量所能推动的。金融危机等社会事件将会计在非金融行业企业导致的个性问题上升为社会问题，将来自外界的力量有效凝结和整合，成为促进会计监管变迁的驱动因素和社会力量。

第三，会计变迁是基于预期成本收益考量的结果。制度变迁是制度安排的非均衡、未达到帕累托效率准则最优导致的；制度变迁的动因在于

"成本与收益"比较，只有在预期收益大于预期成本的情形下，行为主体才会推动制度变迁，否则就会维持原有制度不变。制度演进的基本动力来自现存制度所未能实现的潜在收益，因此制度从一种安排形式向另一种安排形式的演进，一般来说可以使参与者获得追加或额外利益。尤其是当金融行业监管对会计制度变迁的预期收益大于预期成本时，金融行业监管相关的主体会推进制度变迁，并从事实上影响和指引着会计监管的具体内容和方法。值得重视的是，没有一种制度安排是完美无缺的，并不能确保制度变迁一定变为更好的制度，而是成为预期的更优选择，预期能不能实现，监管环境也很重要。这也是我们需要继续思考双重监管关系出路的主要原因。

第四节　监管关系的现实选择

在当前国际和各国的银行会计监管与金融行业监管制度框架约束下，尽管"脱钩"模式有部分应用，但银行会计监管与金融行业监管之间"协调"模式仍将是主流。按照于永生（2019）对双重监管关系的总结：一是商业银行会计监管与金融行业监管冲突化解策略局限于"脱钩"模式与"协调"模式两种选择；二是尽管"脱钩"模式在国际监管制度设计和少数国家监管实践中有不同程度应用，但目前仍未成为化解冲突问题的核心策略，且具有金融危机期间被广泛关注而后逐渐淡出的基本规律；三是"协调"模式一直是化解冲突问题的核心策略，而且金融行业监管机构对这一策略的青睐度远远高于会计监管机构；四是以"协调"模式为核心、以"脱钩"模式为辅助的"混合"模式逐渐成为相关各方认可并接受的策略选择。国际公认原则和各国法律一般要求，金融行业监管数据以会计监管数据（财务报告）为基础，这是"协调"模式主流地位的基石。金融行业监管基于会计监管这一法律决议是在总结金融市场发展及相关制度建设经验基础上形成的一般性共识，也彰显了"协调"模式的长处和优势。进一步分析，"协调"模式的优势至少体现在具体两个方面。

一方面，"协调"模式能约束监管宽容行为。会计监管机构制定规则、监督规则实施，通常扮演中立者的角色；而金融行业监管机构不仅要制定规则、监督规则实施，还要有选择地对问题银行实施救助，通常扮演利益相关者的角色。作为银行系统的利益相关者，金融行业监管机构出于控制救助成本等多方面考虑，天然具有偏袒、宽容银行问题的特性。将金融行业监管与会计监管捆绑在一起，促使金融行业监管通过"协调"方式反映诉求，能有效地约束监管容忍行为。本质上讲，协调是解决双重监管冲突的策略中要求双重监管主体都做出妥协的一种选择，这对会计监管是有利的。

另一方面，"协调"模式能缓解搭便车行为，提升市场纪律的约束作用。"协调"模式能够缩小双重监管之间的差异，减少双重监管忽视的问题，起到遏制监管便车的效果。尽管"协调"模式会导致会计监管制度中融入了金融行业监管理念，但在相关信息充分公开透明的情况下，市场纪律的约束作用相比"脱钩"模式下的情况会有很大提升。

鉴于"脱钩"的现实困境和"协调"的好处，双重监管"如何相互作用"以及"如何协调"的问题，是更应立足于现实的研究。未来的研究应该投入更多精力讨论如何提升协调效率的问题。这也是本书下一章所研究的内容。

第八章 我国会计监管与金融行业监管的协调构建

第一节 我国会计监管与金融行业监管协调的可行性

当前国际权威资本管理办法、金融工具会计准则等主要的监管制度是欧美国家不同监管主体之间博弈的结果，存在诸多方面的不协调性，体现在监管权力分散，监管主体相互竞争、相互推诿等方面。以美国为例，首先，美国文化崇尚自由、信奉分权与制衡的特征导致多重监管体制并存，造成监管权力较为分散，容易产生监管重叠和监管空白；其次，美国监管竞争的"监管竞次"倾向明显，各监管机构自身在争取监管权限和监管资源时也有特定的利益诉求，尽力维持自己的监管范围，同时积极侵入和消减其他监管机构的势力范围（罗培新，2009）；最后，不同监管主体之间也存在相互推脱责任的情况，如2008年全球金融危机后金融界与会计界就危机根源问题旷日持久的争论和推诿。

我国金融行业监管规则和会计准则与国际趋同，很多规则是在国外完成博弈后制定，然后由我国直接引进。我国针对监管博弈、监管规则制订的讨论不多，针对监管协调的思考也不多。但我国双重监管的制度、体制机制以及作为被监管对象的银行均具有鲜明特征，使双重监管协调更具可行性。

第一，我国监管制度的特征。我国监管制度以与国际趋同为主，但并非完全照搬；许多制度引进和借鉴国际主要做法，在熟知国际监管制度制定过程中的博弈逻辑和认识到国际监管制度内在缺陷的基础上，对其进行适当的"本土化"改良和补充。

第二，我国监管主体体制机制的特征。我国现行金融行业监管框架主体由"一行两会"及其分支机构组成；中国人民银行为国务院组成部门，"两会"同属于国务院事业单位，其中中国人民银行在地方设立中心支行，银保监会和证监会在地方设立监管局，这一机制具有明显的分业和机构监管特征。相比于欧美国家，我国监管体制的特殊性在于：一是监管权力相对集中，各监管主体向上对国务院负责，向下对分支机构实施垂直管理，既便于传导监管政策，也能确保各监管主体切实履行最终责任；二是监管主体之间比较和谐，当监管发生分歧时可以通过国务院会议协调解决，监管机构之间基于"讲政治"的考虑很少发生激烈冲突；三是可以迅速调整监管策略，例如国务院金融稳定发展委员会的成立，就能解决监管空白、监管重叠问题，监管机构还可比较容易地通过"窗口指导"等方式有效实施监管意图。

第三，我国商业银行（被监管主体）的特征。主要体现为我国商业银行产权性质比较特殊。在欧美国家，单个股东绝对控股的商业银行极为少见（即使相对控股，其控股股东持股比例也比较低），许多商业银行最大股东的持股比例不足10%（李艳红，2008），而我国六大国有银行、城市商业银行、农村商业银行、信用联社的第一大股东多为国资委或国有企业，多数银行国有股份为20%~40%。相应地，我国商业银行高管人员也多为地方政府任命。这些特征使我国商业银行履行监管目标的意愿更强，监管政策的实施效果更好。

在双重监管相互作用不断加剧的情况下，结合我国监管的特征，以"协调"模式为核心，探讨更高层面和更充分的监管协调应成为双重监管关系发展和选择的主要方向。

第二节　我国会计监管与金融行业监管协调的维度构建

本书认为，从目标、制度和机制三个维度进行协调，将有助于提升我国监管效率。结合上述分析，导致双重监管差异甚至冲突的根源在于金融行业监管和会计监管的目标差异，因此要先调整双重监管的目标，实现目标的趋同；而目标差异又体现在巴塞尔协议、金融工具会计准则等制度规定中，需要将目标的协调纳入未来的监管制度制定中，以匹配目标的协调；除双重监管协调目标、调整各自的监管制度外，还要借助包括双重监管在内的多方力量调整监管机制，达到提升监管效果的目的。协调维度框架见图 8.1。

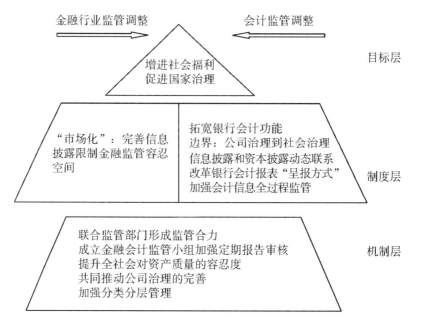

图 8.1　双重监管协调维度

一、监管目标的协调

双重监管目标差异是导致监管制度差异、监管行为冲突的根源，如果目标不协调，其他层面的协调将是无本之木、无源之水。当前，金融行业监管的主要目标是防范风险，包括商业银行的个体风险和系统性风险，金融监管目标在经济/金融危机后更加坚定；会计监管的主要目标是保护投资者，并通过维护信息质量来达到这个目标。然而，站在更加宏观的层面看，金融行业监管与会计监管共同服务于经济持续稳定发展和保护相关主体利益，两者的终极目标理应一致。

本书将监管目标上升到国家治理的高度，考虑"大多数"的利益，站在社会福利的角度去协调双重监管所代表的利益相关者，以社会福利最大化为目标，作为双重监管协调优化的一个未来方向和交点。金融监管方面，从国外很多银行破产案例或者金融危机的情况来看，金融监管在监管过程中从自身监管立场出发，实施制度上或者行为上的"监管宽容"，延误了处置时机，造成了更大的社会福利损失。会计监管方面，需要以更宏观的视角调整目标，目前已有很多会计学者从国家治理、国家善治等角度提出会计监管的转变方向，会计监管需要做出较大的改变。武辉和王竹泉（2019）认为，会计信息监管以理顺经济和社会秩序、协调利益关系为目标对会计监督体系进行探讨。因此，为提升监管协调效率，本书认为应以"增进社会福利、促进国家治理"作为双重监管的最终目标。

二、监管制度的协调

目前的监管制度中，多项会计监管制度均明确"保护投资者"，而金融行业监管制度主要为"防范系统性风险"或者"其他社会目标"。究其原因，双重监管基于不同的制度基础（于永生，2017）：会计监管基于亚当·斯密的自由市场经济理论，自由市场理论强调市场是万能的，能够通过自身调节解决运行中的所有问题，实现资源最优配置，会计监管一直致力于缓解市场中存在的信息不对称问题，致力于市场透明度建设，为市场自身的资源配置优化提供支持，促进市场调节功能的有效发挥；金融行业监管缘起于凯恩斯的国家干预主义理论，国家干预存在的前提是认为市场自身调节有时会失败，需要外界力量介入，以解决市场自身无法应对的问题。金融行业监管强调对商业银行经营活动进行管控，以降低金融行业系统性风险的发生概率，目的是确保银行具有承受适度市场冲击的能力，以维护市场稳定和安全为底线。因此，基于目标协调的框架下，双方均要调整自己的制度，进行必要的改进。

（一）金融行业监管制度的改进

（1）金融行业监管需要以更加"市场化"的方式，进一步完善信息披露制度。金融行业监管通过制度的完善和对巴塞尔协议等现有制度的有效利用，将信息更多地交给市场，更有效地发挥市场约束作用。金融行业监管要更加充分地认识到，让问题银行通过调整指标继续经营会产生更严重的后果，并不能帮助监管机构和银行获得更好的处置机会和生存机会，反而会延迟风险暴露和救助时机，导致银行在发现问题的时候已经来不及处置。金融行业监管主要为监管当局审慎监管收集信息，关注监管指标，但金融行业监管以分析预测微观金融机构的运营风险和宏观金融体系的系统风险为原则，更倾向于要求银行"报告信息"，而非关注其"披露信息"。金融行业监管具有信息优势，金融行业监管更了解整个市场的经济状况，能够较早察觉危机，每月要求银行报送信息，信息更全、频率更高，对个体银行的情况更了解，这些优势使得金融行业监管更容易早期介入，更容易发现商业银行的财务问题和风险问题。金融行业监管应更加重视通过信息透明促进监管效率，信息透明化和及时反馈更有利于及时发现和暴露问题、推动解决问题。因此，坚持提升信息的透明度，是规范商业银行会计行为、防范金融风险的重要途径，应该作为金融行业监管矢志不渝的前进方向。

（2）要通过制度限制金融行业监管的监管容忍的空间。金融行业监管是"严父慈母"的结合体，一方面，金融行业监管极其严格，对银行的查处频率之高、查处力度之大令人瞩目，近几年我国频繁见诸报端的商业银行高额罚单均由金融行业监管出具；另一方面，因为要对商业银行的负面结果承担完全兜底责任，所以金融行业监管又会实施监管宽容。如前文所述，郭峰等（2016）研究发现，银行在（原）银监局局长变更导致的"责任空档期"，商业银行将之前通过会计自由裁量权隐藏的不良贷款释放出来，也说明在一定程度上存在监管宽容问题。国外的监管宽容使监管部门回避问题，贻误或失去监管干预和问题处理的最佳时机，导致银行存在的问题演变为更严重的系统性事件，增加社会救助成本。我国应该重视美国、日本的经验教训，要避免因人为"监管宽容"造成更大的不良后果。

（二）会计监管的改进

（1）会计监管要转变制度制定理念，要充分重视商业银行的特殊性。会计监管要充分认识商业银行会计问题既是会计问题也是金融问题，所以，要进一步增强金融工具会计制度的适应性，拓宽商业银行会计的功能边界、理论基础，避免单一地认为会计制度变迁会动摇会计理论基础。传统会计功能是为了解决"公司治理"信息不对称问题而提供信息，会计准则试图从经济后果中超脱出来。但从金融危机的结果来看，会计其实无法"独善其身"，因此商业银行会计功能应该拓展为致力于为解决"社会治理"而提供信息。由"公司治理"到"社会治理"，既是现实需要，也是增加商业银行会计信息价值含量、巩固商业银行会计信息地位的有效方式。

（2）会计监管主动提高资产质量、资本质量、全面风险管理等方面信息披露的透明度，将会计的信息披露和资本披露动态联系起来。例如，对金融资产进行披露时，同时披露公允价值和摊余成本，以满足不同信息使用者的需求，既能通过信息判断管理层的投资管理和资产配置情况，也能避免金融行业监管的审慎过滤引起的扭曲行为。由会计监管和金融行业监管联合开发一套具有相互钩稽关系的资本质量指标体系，有效揭示贷款损失准备、金融工具会计运用对资本的影响，让会计监管在资本里面有效体现出来，通过指标设计挤掉"银行资本"的泡沫；避免因使用估计判断数据导致的只会增加资本数量但不会增强其吸收损失能力的资产价值高估，以维护核心一级资本的质量；充分考虑资本质量对流动性、稳定性等宏观经济的影响，重视会计的宏观影响。

（3）进一步提升会计报表的质量，甚至改革会计报表的"呈报方式"。例如很多审计机构、股票分析师、投资者在关注一家银行的财务报表时，均会忽略商业银行现金流量表，即现金流量表会计信息含量有限，商业银行现金流量表受到关注的程度远远低于普通工商企业的现金流量表。究其原因，当普通工商企业现金流为负、其他指标正常时就已经体现出其财务困境，而商业银行经营对象为"货币"，即便其现金流为负，也并不能传递出特殊的经济含义和体现其会计问题。这一现象充分说明商业银行目前的现金流量报表，未有效体现商业银行经营情况。

（4）要通过制度设计，把握好会计监管过程参与的度，要保证对过程的监管。会计监管目标由最初的"保证会计资料的真实、完整和合法"的"过程控制"逐步转向"保证会计信息质量"的"结果监管"，监管范围也从"全面监控"逐步转向对"会计信息质量"的重点监控，会计监管模式由计划经济时期"单一"的行政管制型逐步转向"三位一体"的市场导向型，会计监管运行机制逐步向系统化、制度化、透明化发展（李晓慧等，2019）。在金融行业监管相对强势的情况下，要通过增加全过程监管维护会计信息质量。

三、监管机制的协调

具体到我国而言，一方面，虽然双重监管制度的制定权限和参与程度均较低，但是仍然需要更加充分地认识到西方在制度制定过程中的博弈逻辑和现成制度的内在缺陷。IASB 的国际会计准则已经形成了较强的应用生态，在未来相当长的时期内仍将具有较大的影响力。但从长远来看，由于其缺陷逐渐暴露，且其缺陷带来的后果日趋严重，难以继续长期作为会计准则国际趋同的"标杆"（戴德明，2020）。除了对制度进行适当的"本土化"改良和补充外，难以在短期内迅速调整监管目标和监管制度，因此，通过机制上的调整可以矫正制度的部分失灵。另一方面，即便双重监管制度进一步协调也并不必然导致会计自由裁量权过度运用行为得到控制，双重监管机制和行为的协调仍然重要。

（1）充分用好我国的体制优势。在我国，以财政部和证监会为代表的会计监管主体，和以银保监会和中国人民银行为代表的金融行业监管主体均属于国务院下辖的行政事业单位，便于双重监管协调，容易形成监管合力。这是国外双重监管所不具备的优势，我国要全方位地利用这种优势。总体而言，金融行业监管在商业银行行为和信息质量方面更具有权威性，更有条件通过要求商业银行提升信息透明度解决会计机会主义行为，但是有时候金融行业监管基于自身的立场，更有可能实施监管宽容，未起到提升信息透明度的效果。会计监管在可能受到金融行业监管干预的现实条件下，更应该坚持独立性，减少监管便车行为，提升会计信息质量。总之，既要避免强势地位导致的监管便车等行为，也要避免监管强势干预带来的宽容行为。

（2）由中国人民银行、银保监会、证监会和财政部联合成立金融会计监管小组，加强对商业银行等金融机构的管理，探索建立差异化监管制度，加强过程监管，加大对商业银行定期报告的审核力度。比如，很多时候银行拨备计提并不仅仅是计提比例多少的问题，而是在五级分类时就隐藏了风险。因此金融行业监管更应该利用其监管权威和监管信息优势全过程发挥作用，将会计信息质量的把控端口前移，由金融行业监管从会计信息的角度关注商业银行贷款准备计提是否合理、依据是否充分，金融工具会计运用是否得当，资本质量是否真实等情况。金融会计监管小组在研究和出台各类政策前，应加强沟通磋商，既尊重会计准则的必要性，也要尊重金融企业的特殊性，金融行业监管要加大与会计监管共享监管信息的力度，会计监管应改变当前对金融行业监管过度依赖和信任的现状，尤其是对双重监管忽视的方面进行更全面覆盖，避免会计政策变更对金融行业产生较大波动，同时要尽可能通过会计政策及时反映金融行业出现的各类问题。

（3）提升全社会对资产质量的容忍度。不良贷款率上升本来有利于更真实地反映资产质量，但是由于不良贷款的形成和处置都是一个循序渐进的过程，尤其是我国目前的市场环境下，对不良贷款率明显变动的容忍程度比较低，较高的不良率可能会影响公众信心，引起市场恐慌情绪，导致的结果是商业银行采取多种会计自由裁量权，配合贷款对象"拆东墙补西墙"，人为调整五级分类标准、参数模型等，延迟资产质量问题的暴露。因此，金融行业监管和会计监管形成合力，通过监管引导，提高机构投资者、评级机构、分析师、媒体等各类市场主体对不良资产的容忍度，通过"善治"制度让银行能够更加真实地暴露资产质量情况，让"坏消息"好于"没有消息"。

（4）共同推动公司治理的完善。鉴于商业银行的特殊性，公司治理更加重要。会计信息质量是一个结果体现，而影响这个结果的因素包括公司治理效能的发挥和治理质量的提升。目前来看，无论是金融行业监管还是会计监管都积累了丰富经验和有效手段，但未充分共享。重点而言，要既防止大股东将商业银行当提款机，又要防止股东缺位导致的内部人控制问题，将会计监管和金融行业监管在公司治理机制上的优秀经验汇集起来，进一步提升商业银行公司治理的效果。

（5）加强分类分层管理。结合当前金融风险防范的形势，顺应我国商业银行分化加剧的趋势和形势，双重监管主体应合作探索建立差异化监管制度，按会计裁量权运用程度将不同的商业银行区分出来，因行施策，提高监管的针对性和有效性。

结　语

本书尚存不足之处和未尽之处。在理论分析部分，虽然按照篇章对研究的主要内容做了划分，但尚无法建立起一个一以贯之的理论基础和明晰的研究框架。在经验研究部分，实证研究不够深入，在处理数据来源不足的问题上仍缺方法，研究结论不够聚焦；案例分析主要着力于说明对应的问题，案例分析方法略显粗糙，案例选择上难免以偏概全。尚有部分与本书话题高度相关的内容未被提及，比如商业银行公司治理与会计问题，以及商业银行会计行为对风险传导的实证检验等。在双重监管优化构建问题上，需要更加切实可行的政策建议和落地方案。

同时对商业银行会计问题与双重监管问题的研究趋势和方向，我们持积极乐观的态度。

其一，关于金融工具准则、商业银行会计理论的研究会更加深入、系统和完善。一定有更多学者站在金融行业监管角度去看待和分析金融工具会计准则，站在金融学科的"制高点"研究会计问题，触及问题的本源；我国在金融会计准则制定中的话语权会切实提升，对于规则制定的研究会更加深入，关注度会更高；对于基础理论的梳理、会计基础理论框架的拓展等问题会逐步达成共识，甚至在不久的将来，会出现商业银行会计报表呈报形式的变革（尤其是现金流量表）。

其二，商业银行会计实证研究的繁荣必将到来。一是随着上市商业银行的规模拓展，截至 2022 年年初，A 股上市商业银行已达 41 家，加之部分（仅在）H 股上市的商业银行，样本数量得到大大扩充，样本数据的可得性和可比性都得到保障；二是商业银行分化趋势加剧，相比以往各家银行的经营状况、财务状况同质化程度较高的情况，近年来商业银行不断分化，研究结论会更加有趣而丰富；三是研究方法会更加科学，对双重监管具体影响的有效度量、有效区分，都将是未来的研究方向。

其三，商业银行资本问题必将更受重视。只要资本监管存在，资本就是银行的核心问题之一。过去几年，一个直观的印象就是我国"资本不贵"。上市商业银行通过首次公开发行和再融资补充资本，未上市地方法人银行通过地方政府下属国有企业增资扩股补充资本金，即我国商业银行进行资本补充相对容易。受股价下行、银行股大面积跌破每股净资产但不能低于每股净资产发行股份等现实条件的影响，现在资本补充已经不再那么容易，关于资本的研究正在变得更加普遍和迫切。

其四，公司治理与银行会计的研究成果会不断涌现。商业银行公司治理既是一个现实问题，也是一个研究宝藏。由于商业银行公司治理与传统公司治理存在差异，比如商业银行的股权与非金融行业企业存在区别，包括城商行和农商行在内的很多银行，第一大股东合计持股不超过20%，持有股份5年内不能转让，再如商业银行的内部人治理问题等等。随着国外已有研究成果的引入，我国学者必将具有银行特殊性的公司治理环境等因素更加系统地纳入商业银行会计的研究中。

参考文献

巴曙松，朱元倩，等，2011. 巴塞尔资本协议Ⅲ研究 ［M］. 北京：中国金融出版社.

陈广垒，2019. 金融工具公允价值演变、计量及监管意义 ［M］. 北京：知识产权出版社.

陈雯靓，吴溪，2014. 我国商业银行的贷款损失准备计提与利润平滑：新会计准则的影响 ［J］. 审计研究（1）：107-114.

陈旭东，逯东，2009. 金融危机与公允价值会计：源起、争论与思考 ［J］. 会计研究（10）：20-25，96.

戴德明，2019. 妥善应对国际会计准则的复杂化 ［J］. 财务与会计（6）：4.

戴德明，2020. 会计准则国际趋同：回顾与展望 ［J］. 财会月刊（23）：4.

戴德明，张姗姗，2016. 贷款损失准备、盈余管理与商业银行风险管控 ［J］. 会计研究（8）：25-33，96.

邓永勤，2009. 证券市场会计监管理论的历史回顾 ［J］. 生产力研究（9）：149-152.

邓永勤，陆燕芳，2018. 以审慎监管为目的的金融工具会计准则国际趋同研究 ［M］. 北京：经济科学出版社.

丁友刚，岳小迪，2009. 贷款拨备、会计透明与银行稳健 ［J］. 会计研究（3）：31-38.

段军山，庄旭东，2020.地方金融监管对提高银行贷款质量的效应：来自中国省级面板数据的经验证据［J］.金融论坛（1）：28-37.

范小云，廉永辉，2016.资本充足率缺口下的银行资本和风险资产调整研究［J］.世界经济（39）：145-169.

葛家澍，2001.关于会计计量的新属性：公允价值［J］.上海会计（1）：3.

郭峰，2016.政府干预视角下的地方金融：一个文献综述［J］.金融评论，8（3）：67-79.

郭峰，刘冲，2016.风动还是帆动：银监局局长更替与城商行策略性信息披露［J］.金融学季刊（3）：85-106.

郭利根，2010.银行监管视角下会计准则的改革与发展：在中国金融会计学会2010年学术年会上的演讲［J］.金融会计（9）：6-8.

黄世忠，1997.公允价值：面向21世纪的计量模式［J］.会计研究（12）：3-6.

黄世忠，2009.公允价值会计的顺周期效应及其应对策略［J］.会计研究（11）：23-29.

蒋海，朱滔，李东辉，2010.监管、多重代理与商业银行治理的最优激励契约设计［J］.经济研究（4）：40-53.

类承曜，2007.银行监管理论：一个文献综述［J］.管理世界（6）：137-151.

李思慧，颜向农，2007.商业银行不良贷款与宏观经济因素相关性实证分析［J］.时代金融（8）：45-46.

李维安，王倩，2012.监管约束下我国商业银行资本增长与融资行为［J］.金融研究（7）：15-30.

李文泓，罗猛，2010.关于我国商业银行资本充足率顺周期性的实证研究［J］.金融研究（2）：147-157.

李晓慧，张明祥，2019.会计监管的演进与发展研究［J］.会计研究（2）：42-48.

梁浩，于永生，2020. 限制商业银行拨备覆盖率的潜在影响：对《金融企业财务规则（征求意见稿）》的分析 ［J］. 新金融（2）：30-35.

梁浩，于永生，2020. 资本监管压力与会计政策调整：基于 A 股上市商业银行数据的实证研究 ［J］. 财经论丛（1）：75-84.

梁媛，2002. 银行资本结构决定的特殊性与资本充足率监管 ［J］. 财经科学（5）：18-21.

刘晓锋，朱大鹏，黄文凡，2016. 资本约束对我国商业银行资产负债表影响的实证研究 ［J］. 国际金融研究（5）：61-71.

刘玉廷，2010. 金融保险会计准则与监管规定的分离趋势与我国的改革成果 ［J］. 会计研究（4）：3-6.

陆建桥，朱琳，2010. 跟踪国际、主动参与、积极应对、深入研究金融工具会计最新动向与对策：财政部金融工具会计工作组第二次会议综述 ［J］. 会计研究（2）：13-18.

诺思，1992. 经济史上的结构和变革 ［M］. 厉以平，译. 商务印书馆出版.

普雷维茨，莫里诺，2006. 美国会计史 ［M］. 杜兴强，于竹丽，等译. 北京：中国人民大学出版社.

瑞安，等，2004. 财务与会计研究：方法与方法论 ［M］. 阎达五，等译. 北京：机械工业出版社.

沈庆劼，2014. 资本压力、股权结构与商业银行监管资本套利：基于 1994-2011 年我国商业银行混合截面数据 ［J］. 管理评论，26（10）：56-63.

司振强，2009. 会计准则与金融监管的协调发展研究 ［D］. 大连：东北财经大学.

斯科特，2017. 财务会计理论 ［M］. 7 版. 陈汉文，等译. 北京：中国人民大学出版社.

宋洪吉，李慧，2013. 关于贷款减值准备与监管资本关系的研究：基于银行逆周期监管视角 ［J］. 农村金融研究（4）：28-32.

佟玲，2014. 会计规则和经济监管规则分离与协调研究 ［D］. 大连：

东北财经大学.

瓦茨，齐默尔曼，1999. 实证会计理论［M］. 陈少华，等译. 大连：东北财经大学出版社.

汪洁，2014. 资本缓冲视角下公允价值会计顺周期效应研究［D］. 成都：西南财经大学.

王刚，任浩聪，雷薇，2015. 影响我国金融监管效率的五大因素［J］. 经济纵横（4）：93-97.

王冀宁，陈铭，陈庭强，2013. 中国金融市场监管行为的演化博弈研究［J］. 北京理工大学学报（社会科学版），15（5）：60-66.

王菁菁，刘光忠，2014. 金融工具减值预期损失模型的演进与会计准则体系变迁：兼评 IASB《金融工具：预期信用损失》征求意见稿［J］. 会计研究（5）：37-43.

王若平，2004. 银行监管行为的博弈研究［D］. 厦门：厦门大学.

王守海，张晖，陈作华，等，2018. 会计准则与金融监管规则协调研究：理论基础、评价标准与政策建议［J］. 会计研究（3）：12-18.

王莹，2011. 我国上市银行贷款损失准备计提因素分析［J］. 中国证券期货（6）：1-12.

吴国萍，2008. 上市公司信息披露违规问题研究［D］. 吉林：吉林大学商学院.

武辉，王竹泉，2019. 国家治理框架下善治导向的会计监督体系重构［J］. 会计研究（4）：3-10.

肖梓光，2013. 银行不良贷款形成与区域经济相关性的实证分析［J］. 统计与决策（15）：173-175.

许友传，2011. 资本约束下的银行资本调整与风险行为［J］. 经济评论（1）：79-86.

许友传，杨继光，2010. 商业银行贷款损失准备与盈余管理动机［J］. 经济科学（2）：94-103.

杨新兰，2015. 资本监管下银行资本与风险调整的实证研究［J］. 国际金融研究（7）：67-74.

姚海鑫，尹波，李正，2003. 关于上市公司会计监管的不完全信息博弈分析［J］. 会计研究（5）：43-45.

叶建芳，周兰，李丹蒙，等，2009. 管理层动机、会计政策选择与盈余管理：基于新会计准则下上市公司金融资产分类的实证研究［J］. 会计研究（3）：25-30，94.

于永生，2007. IASB 与 FASB 公允价值计量项目研究［M］. 上海：立信会计出版社.

于永生，2017. 商业银行会计监管与资本监管冲突根源及化解策略［J］. 会计研究（8）：12-18.

于永生，2017. 商业银行会计制度对资本监管影响［J］. 财经论丛（5）：102-112.

于永生，卢桂荣，2010. 次贷危机背景下的公允价值会计问题研究［M］. 上海：立信会计出版社.

于永生，卢桂荣，2019. 商业银行会计监管与资本监管冲突根源及化解策略［M］. 北京：中国社会科学出版社.

袁鲲，王娇，2014. 贷款损失准备计提、管理动机与商业银行顺周期性：基于中国上市银行的实证研究［J］. 财经论丛（7）：38-44.

臧慧萍，2007. 美国金融监管制度的历史演进［M］. 北京：经济管理出版社.

张嘉祺，郝旭光，2018. 中国证券监管行为特征与实际监管效率［J］. 财经科学（7）：1-11.

张瑞稳，李丹丹，2016. 基于自由裁量贷款损失准备的经理自主权行为分析［J］. 金融论坛（12）：32-41.

张维迎，1996. 博弈论与信息经济学［M］. 上海：上海三联书店.

张雪丽，2004. 商业银行资本结构研究［J］. 财经问题研究（1）：33-36.

张亚新，2011. 上市公司会计信息失真及其监管的博弈分析［J］. 财贸研究，22（6）：149-152.

郑超，2019. 我国资本市场监管及效率提升路径 ［J］. 江西社会科学，39（3）：76-82.

郑伟，2010. 预期损失模型缺陷与会计监管独立性问题研究：基于对 IASB《金融工具：摊余成本和减值》征求意见稿的分析 ［J］. 会计研究（5）：17-24.

周华，戴德明，2011. 贷款损失准备的监管规则：问题与可能解 ［J］. 中国人民大学学报（4）：89-98.

周莉萍，2016. 银行业监管：一般理论及实践发展 ［J］. 金融评论（5）：6-31.

朱海林，2000. 金融工具会计论 ［M］. 北京：中国财政经济出版社.

ADAMS R, MEHRAN H, 2012. In：Corporate Performance, Board Structure, and Their Determinants in the Banking Industry ［J］. Reserve Bank （330）.

ADMATI A R, DEMARZO P M, HELLWIG M F, et al., 2018. The Leverage Ratchet Effect ［J］. The Journal of Finance, 73（1）：145-198.

AEBI V, SABATO G, SCHMID M, 2012. Risk management, corporate governance, and bank performance in the financial crisis ［J］. Journal of banking & financevolume, 36（12）：3213-3226.

AHMED A, THOMAS S, TAKEDA C, 1999. Bank loan loss provisions：a reexamination of capital management, earnings management & signaling effects ［J］. Journal of Accounting & Economics （28）：1-26.

ALLEN F, CARLETTI E, 2008. Mark-to-market accounting and liquidity pricing. ［J］. Journal of Accounting & Economics （45）：358-378.

ANANDARAJAN A, HASAN I, MCCARTHY C, 2007. Use of loan loss provisions for capital, earnings management and signaling by Australian banks. ［J］. Accounting and Finance （47）：357-379.

ANNE, BEATTY, SANDRA, et al., 1995. Managing Financial Reports of Commercial Banks：The Influence of Taxes, Regulatory Capital, and Earnings

[J]. Journal of Accounting Research (33): 231-261.

ARGIMÓN I, DIETSCH M, ESTRADA Á, 2017. Prudential filters, portfolio composition and capital ratios in European banks [J]. Journal of Financial Stability.

ARGIMÓN I, DIETSCH M, ESTRADA Á, 2018. Prudential filters, portfolio composition at fair value and capital ratios in European banks [J]. Journal of Financial Stability (39): 187-208.

ARUN T G, TURNER J D, 2003. Financial sector reforms and corporate governance of banks in developing economies: the indian experience [J]. September south asia economic journal, 4 (2): 187-204.

BALLA E, MCKENNA A, 2009. Dynamic Provisioning: A Countercyclical Tool for Loan Loss Reserves [J]. Economic Quarterly, 95 (4).

BALLA, ELIANA, 2012. Loan Loss Reserve Accounting and Bank Behavior [J]. Richmond Fed Economic Briefs.

BARTH J R, CAPRIO G, LEVINE R, 2004. Bank regulation and supervision: What works best? [J]. Journal of Financial Intermediation (13): 205-248.

BARTH M E, GOMEZ-BISCARRI J, KASZNIK R, L? PEZ-ESPINOSA G, 2017. Bank Earnings and Regulatory Capital Management using Available for Sale Securities [EB/OL]. Working paper [2021 - 11 - 20]. https://ssrn.com/abstract = 2448482.

BARTH M, BEAVER W, WOLFSON M, 1990. Components of earnings and the structure of bank share prices [J]. Financial Analysts Journal (46): 53-60.

BARTH M, ELLIOTT J A, FINN M W, 1999. Market rewards associated with patterns of increasing earnings [J]. Journal of Accounting Research, 37 (2): 387-413.

BASEL COMMITTEE, 2010. Basel Ⅲ - A global regulatory framework for more resilient banks and banking system, part 1 Minimum capital requirements and buffers [R].

BASLE COMMITTEE, 1988. Basle Committee on Bank Supervision, International Convergence on Capital Measurement and Capital Standards [R].

BASLE COMMITTEE, 2006. Basle Committee on Bank Supervision, International Convergence on Capital Measurement and Capital Standards, a Revised Framework, Comprehensive Version [R].

BEATTY A L, LIAO S, 2009. Regulatory capital ratios, loan loss provisioning and pro-cyclicality [J]. SSRN Electronic Journal.

BEATTY A, 1995. The Effects of Fair Value Accounting on Investment Portfolio Management: How Fair is it? Federal Reserve Bank of St [J]. Louis Review.

BEATTY A, CHAMBERLAIN S L, MAGLIOLO J, 1995. Managing financial reports of commercial banks: the influence of taxes, regulatory capital, and earnings [J]. Journal of accounting research (33): 231–261.

BEATTY A, CHAMBERLAIN S L, MAGLIOLO J, et al., 1995. Managing Financial Reports of Commercial Bank The Influence of Taxes, Regulatory Capital, and Earnings [J]. Journal of Accounting Research, 33 (2): 231–261.

BEATTY A, CHAMBERLAIN S, MAGLIOLO J, 1995. Managing financial reports of commercial banks: the influence of taxes, regulatory capital, and earnings [J]. Journal of Accounting Research (33): 231–261.

BEATTY A, LIAO S, 2011. Do delays in expected loss recognition affect banks' willingness to lend? [J]. Journal of Accounting and Economics (52): 1–20.

BEATTY A, LIAO S, 2014. Financial accountingin the banking industry: A review of the empirical literature [J]. Social Science Electronic Publishing, 58 (2): 339–383.

BEAVER W H, 1966. Empirical Research in Accounting: Selected Studies

1966 Financial Ratios As Predictors of Failure [J]. Journal of Accounting Research (4): 71-111.

BELTRATTI A, STULZ R, 2012. The credit crisis around the globe: why did some banks perform better? [J]. Journal of Financial Economic (105): 1-17.

BENSTON G, KAUFMAN F, 1988. Risk and Solvency Regulation of Depository Institutions: Past Policies and Current Options [C] //Salomon Brothers Center Monograph Series in Finance and Economics.

BERGER A N, HERRING R J, GIORGIO P S, 1995. The Role of Capital in Financial Institutions [J]. Journal of Banking & Finance, 19 (3): 393-430.

BHATTACHARYA S, THAKOR A V, 1998. Contemporary banking theory [J]. Journal of Financial Intermediation (3): 2-50.

BIKKER J A, METZEMAKERS P A J, 2004. Bank provisioning behavior and procyclicality [J]. Journal of Internationalt Financial Markets, Institutions and Money (15): 141-157.

BIKKER J, METZEMAKERS P, 2004. Is bank capital procyclical? A cross-country analysis [J]. Ssrn Electronic Journal (40): 225-264.

BLANKESPOOR E, LINSMEIER TJ, PETRONI K R, et al., 2013. Fair value accounting for financial instruments: does it improve the association between bank leverage and credit risk? [J]. The Accounting Review (88): 1143-1177.

BOLOGNA G J, LINQUIST R J, WELLS J T, 1995. The Accountants' Handbook of Fraud and Commercial Crime [M]. John Wiley & Sons Inc.

BOUTHER R, FRANCIS B, 2017. Accounting discretion, market discipline and bank behaviour: some insights from fair value accounting. [M]. Bank of England Working Paper.

BRUNNERMEIER M K, PEDERSEN L H, 2009. Market liquidity and

funding liquidity [J]. Review of Financial Studies (22): 2201–2238.

BUSHMAN R M, 2014. Thoughts on financial accounting and the banking industry [J]. Journal of Accounting & Economics, 58 (2): 384–395.

BUSHMAN R, WILLIAMS C, 2015. Delayed Expected Loss Recognition and the Risk Profile of Banks [M]. Working Paper UNC and Michigan.

BUSHMAN R, WILLIAMS C, 2012. Accounting discretion, loan loss provisioning and discipline of banks' risk-taking [J]. Journal of Accounting and Economics, 54 (1): 1–18.

CAPRIO G, LAEVEN L, LEVINE R, 2007. Governance and bank valuation [J]. Journal of Financial Intermediation (16): 584–617.

CEBS, 2004. Guidelines on Prudential Filters for Regulatory Capital [M]. Press Release.

CHEN Y, HASAN I, 2006. The transparency of the banking system and the efficiency of information-based bank runs [J]. Journal of Financial Intermediation (15): 308–332.

CHIRCOP J, NOVOTNY-FARKAS Z, 2016. The economic consequences of extending the use of fair value accounting in regulatory capital calculations [J]. Journal of Accounting and Economics (62): 183–203.

COLLINS J, SHACKELFORD D, WAHLEN J, 1995. Bank differences in the coordination of regulatory capital, earnings, and taxes [J]. Journal of Accounting Research (33): 263–291.

CORNETT M, MCNUTT J, TEHRANIAN H, 2009. Corporate governance and earnings management at large U. S. bank holding companies [J]. Journal of Corporate Finance (15): 412–430.

CRESSEY D, 1953. Other People's Money: A Study in the Social Psychology of Embezzlement [M]. Glencoe IL Free Press.

CURRY T, SHIBUT L, 2002. The Cost of the Savings and Loan Crisis: Truth and Consequences [J]. FDIC Banking Review.

DANG T, GORTON G, HOLMSTROM B, et al., 2014. Banks as Secret Keepers [M]. Working Paper.

DELI Y D, HASAN I, 2017. Real effects of bank capital regulations: Global evidence [J]. Journal of Banking & Finance (82): 217-228.

DEWATRIPONT M, TIROLE J, 1994. The Prudential Regulation of Banks [M]. Cambridge: MIT Press.

DOMIKOWSKY C, BORNEMANN S, DUELLMANN K, et al., 2014. Loan Loss Provisioning and Procyclicality: Evidence from an Expected LossModel [Z]. Discussion Papers.

DOU Y, RYAN S, XIE B, 2018. The Real Effects of FAS166/167 on Banks´Mortage Approval and Sale Decisions [J]. Journal of Accounting Research (56).

DOWNING J, 2019. Accounting Standards and Banking Regulation: Some Effects of Divergence [J]. Research in International Business and Finance: 386 -397.

DUSHYANTKUMAR VYAS, 2011. The Timeliness of Accounting Write - Downs by U. S. Financial Institutions During the Financial Crisis of 2007-2008 [J]. Journal of Accounting Research, 49 (3): 823-860.

DYE RA, 1988. Earnings management in an overlapping generations model [J]. Journal of Accounting Research, 26 (2): 195-235.

ELLUL A, LUNDBLAD C T, WANG I Y, 2015. Is Historical Cost Accounting a Panacea? Market Stress, Incentive Distortions, and Gains Trading [J]. Journal of Finance, 70 (6): 2489-2538.

FEDERAL DEPOSIT INSURANCE CORPORATION, 1997. History of the Eighties-Lessons for the Future, Volume 1: An Examination of the Banking Crises of the 1980s and Early 1990s [R].

FIECHTER P, 2011. Reclassification of Financial Assets under IAS 39: Impact on European banks´ Financial Statements [J]. Accounting in Europe, 8

(1): 49-67.

FIELDSA D T, LYSB T Z, VINCENTB L, 2001. Empirical research on accounting choice [J]. Journal of accounting and economics (31): 255-307.

FLANNERY M J, KWAN S H, NIMALENDRAN M, 2004. Market evidence on the opaqueness of banking firms' assets [J] Journal of Financial Economics, 71 (3): 419-460.

Frank P, Zhu H, 2012. Loan loss provisioning practices of Asian banks [D]. Bis Working Papers.

FUSTER A, VICKERY J, (2018-10-01) [2021-10-22]. What happens when regulatory capital is marked to market, Liberty Street Economics. [EB/OL]. https: //libertystreeteconomics. newyorkfed. org/2018/10/what - happens-when-regulatory-capital-is-marked-to-market. html.

GBEGI D O, ADEBISI J F, 2013. The New Fraud Diamond Model-How Can It Help Forensic Accountants in Fraud Investigation in Nigeria? [J]. European Journal of Accounting Auditing and Fiancé Research (1): 129-138.

GOLDSTEIN I, LEITNER Y, 2013. Stress Tests and Information Disclosure [D]. University of Pennsylvania.

GORTON G, 2013. The Development of Opacity in U. S. Banking [D]. NBER.

GUNTHER G, NOVOTNY-FARKAS Z, 2011. Mandatory IFRS Adoption and Accounting Quality of European Banks [J]. Journal of Business Finance & Accounting (38): 289-333.

HAAN J D, VLAHU RAZVAN, 2016. Corporate governance of banks: a survey [J]. Journal of economic surveys, 30 (2): 228-277.

Haan L D, 2016. Timing of banks' loan loss provisioning during the crisis [Z]. Bank of Canada Staff Working Paper.

HERZ R H, 2009. Remarks of Robert H. Herz, Chairman, Financial Accounting Standards Board, AICPA National Conference on Current SEC and

PCAOB Developments [R].

HERZ R H, 2010. Accounting standards and bank regulation [J]. International Journal of Disclosure and Governance, 7 (2): 97-107.

HODDER L, KOHLBECK M, MCANALLY M, 2002. Accounting choices and risk management: SFAS 115 and U. S. bank holding companies [J]. Contemporary Accounting Research (19): 225-270.

HOLTHAUSEN R, LEFTWICH R, 1983. The economic consequences of accounting choice: implications of costly contracting and monitoring [J]. Journal of accounting and economics (5): 77-117.

HUIZANGA L, LAEVEN L, 2012. Accounting discretion of banks during a financial crisis [J]. Journal of Financial Economics (106): 614-634.

JEFFDOWNING, 2019. Accounting standards and banking regulation: Some effffects of Divergence [J]. Research in International Business and Finance (47): 386-397.

JEFFREY N G, ROYCHOWDHURY, SUGATA, 2011. Do loan loss reserves behave like capital? Evidence from recent bank failures [J]. Review of Accounting Studies, 19 (3): 1234-1279.

JENSEN M C, MECKLING W H, 1976. Theory of the firm: managerial behavior, agency costs, and ownership structure [J]. Journal of financial economics (3): 305-360.

JONATHAN M, EDWARDS, FDICIA V, 2011. DODD-Frank: Unlearned Lessons about Regulatory Forbearance [J]. Harvard Business Law Review (1): 281.

JONES J S, LEE W Y, YEAGER T J, 2013 . Valuation and systemic risk consequences of bank opacity [J]. Journal of Banking & Finance, 37 (3): 693-706.

KANAGARETNAM K, KRISHNAN G, LOBO G, 2010. An empirical analysis of auditor independence in the banking industry [J]. The Accounting Review, (85): 2011-2046.

KASSEM R, HIGSON A, 2012. The New Fraud Triangle Model [J]. Journal of Emerging Trends in Economics and Management Sciences (3): 191-195.

KEELEY C M, FURLONG F T, 1990. A reexamination of mean-variance analysis of bank capital regulation [J]. Journal of banking & finance, 14 (1): 69-84.

KILIC E G, RANASINGHE L T, SIVARAMAKRISHNAN K, 2013. The impact of SFAS 133 on income smoothing by banks through loan loss provisions [J]. The Accounting Review (88): 233-260.

KIM M S, KROSS W, 1998. The impact of the 1989 change in bank capital standards on loan loss provisions and loan write-offs [J]. Journal of Accounting and Economics, 25 (1): 69-99.

KIM S, KIM S, RYAN S G, 2019. Economic Consequences of the AOCI Filter Removal for Advanced Approaches Banks [J]. The Accounting Review, 94 (6): 309-335.

KOCH T W, WALL L D, 2000. The use of accruals to manage reported earnings: theory and evidence [J]. FRB Atlania Working Paper.

LAEVEN L, MAJNONI G, 2003. Loan loss provisioning and economic slowdowns: too much, too late? [J]. Journal of Financial Intermediation, 12 (2): 178-197.

LAEVENV L. Corporate Governance: What's Special About Banks? [J]. Annual Review of Financial Economics, 5 (1): 63-92.

LEONE M, 2008. Could Bank Rules End the Fair Value Debate? [Z].

LEVITT A, 1998. The Numbers Game [Z]. Speech at New York University.

LINSMEIER, THOMAS J, 2011. Commentary: Financial Reporting and Financial Crises: The Case for Measuring Financial Instruments at Fair Value in the

Financial Statements [J]. Accounting Horizons, 25 (2): 409-417.

LLEWELLYN D T, 2009. The northern rock crisis: a multi-dimensional problem [M]. Palgrave Macmillan US.

LUBBERINK, PETER M J, [2021-10-22]. A Primer on Regulatory Bank Capital Adjustments [EB/OL]. https://papers. ssrn. com/sol3/papers. cfm? abstract_ id=2305052.

MACEY J, HARA M O, 2003. The corporate governance of banks [J]. FRBNY Economic Policy Review (4): 91-107.

MORRIS S, SHIN H S, 2002. The social value of public information [J]. American Economic Review (92): 1521-1534.

MORRISON A D, WHITE L, 2013. Reputational contagion and optimal regulatory forbearance [J]. Journal of Financial Economics (3): 642-658.

MOYER S, 1990. Capital adequacy ratio regulations and accounting choices in commercial banks [J]. Journal of Accounting & Economics (13): 123-154.

OHLSON J A, 1980. Financial Ratios and the Probabilistic Prediction of Bankruptcy [J]. Journal of Accounting Research, 18 (1): 109-131.

OHLSON J A, 1988. The Social Value of Public Information in Production Economies [M] // Economic Analysis of Information and Contracts. Springer Netherlands.

OZILI P K, 2015. Loan Loss Provisioning, Income Smoothing, Signaling, Capital Management and Procyclicality: Does IFRS Matter? Empirical Evidence from Nigeria [J]. Mediterranean Journal of Social Sciences.

Pain D, 2003. The provisioning experience of major UK banks: a small panel investigation [R]. Bank of Englande.

POZEN R C, 2009. Is It Fair to Blame Fair Value Accounting for the Financial Crisis? [J]. Harvard Business Review (9).

RAMESH K, REVSINE L, 2000. The effects of regulatory and contracting costs on bank's choice of accounting method for other post-retirement employee benefits [J]. The Journal of Accounting & Economics (30): 159-186.

RIME B, 2001. Capital requirements and bank behaviour: Empirical evidence for Switzerland [J]. Journal of Banking & Finance, 25 (4), 789-805.

ROCHET J C, 1992. Capital requirements and the behaviour of commercial banks [J]. European Economic Review (36): 1137-1178.

SCHOLES M S, WILSON G P, MARK A, 1990. Wolfson. Tax Planning, Regulatory Capital Planning, and Financial Reporting Strategy for Commercial Banks [J]. Review of Financial Studies (3): 625-650.

SHRIEVES R, DAHL D, 2003. Discretionary accounting and the behavior of Japanese banks under financial duress. [J] Journal of Banking and Finance (27): 1219-1243.

SINKEY, JOSEPH F, 1975. A Multivariate Statistical Analysis of the Characteristics of Problem Banks [J]. Journal of Finance, 30 (1): 21-36.

SMITH A, BUSHMAN R M, 2003. Transparency, financial accounting information, and corporate governance [J]. Economic Policy Review, 32 (1): 237-333.

SPATT C S, 2010. Regulatory Conflict: Market Integrity vs. Financial Stability [J]. University of Pittsburgh Law Review (5).

TAKEDA C, AHMED A S, 1999. Bank loan loss provisions: a reexamination of capital management, earnings management and [J]. Journal of accounting and economics, 28 (1): 1-25.

THOMAS J, 2011. Linsmeier, Financial Reporting and Financial Crises: The case for measuring financial instruments as fair value in the financial statements [J]. Accounting Horizons, 25 (2): 409-417.

THOMAS R, 2008. Weirich & Lynn E. Turner. What's New in Derivative Regulation [J]. the Journal of Corporate Accounting and Finance (8): 1-16.

TWEEDIE D, 2010. Prepared Statement to the Meeting of the COUNCIL of the European Union [R].

U. S. GOVERNMENT ACCOUNTABILITY OFFICE, 1991. Failed banks, accounting and auditing reforms urgently needed [R].

VIRAL V A, RYAN S G, 2016. Banks´ Financial Reporting and Financial System Stability [J]. Journal of Accounting Research (54).

VYAS D, 2011. The timeliness of accounting write-downs by U. S. financial institutions during the financial crisis of 2007-2008 [J]. Journal of Accounting Research, 49 (3): 823-860.

WALL L D, KOCH T W, 2000. Bank loan-loss accounting: a review of theoretical and empirical evidence [J]. Econometric Reviews: 1-20.

WALL L D, TIMOTHY W, 2000. Koch, Bank Loan-Loss Accounting: A Review of Theoretical and Empirical Evidence, Federal Reserve Bank of Atlanta [J]. Economic Review, 2 (1).

WALLISON, 2008. What's the biggest lesson we should learn from the 2008 crisis? [EB/OL]. Wallison on WLS 89 AM's 'Big John Howell' [2021-11-20]. https: //www. aei. org/press/whats-biggest-lesson-learn-2008-crisis-wallison-wls-89-ams-big-john-howell/.

WATTS R L, ZIMMERMAN J L, 1986. Positive Accounting Theory [Z]. Prentice-Hall, Englewood Cliffs NJ.

WOLFE D T, HERMANSON D R, 2004. The Fraud Diamond: Considering the Four Elements of Fraud [J]. The CPA Journal (12): 38-42.

WU M W, SHEN C H, LU C H, 2015. Do more foreign strategic investors and more directors improve the earnings smoothing? The case of China [J]. International Review of Economics and Finance: 3-16.

后　记

自 2004 年接触基础会计学开始，我就感觉到金融工具会计的学习是一个难点。后来，我因从事商业银行会计相关工作，在博士论文选题的时候，就选择了商业银行会计问题。

随着研究的深入，我发现商业银行会计问题的研究难度超过我的最初想象。一个原因在于，我读博士之前具有的会计专业知识和理论以非金融行业企业会计理论为主，而这些理论与商业银行会计理论存在区别。进一步讲，商业银行会计问题既是会计问题，也是金融问题，属于跨学科研究，在努力弄清会计准则发展、演变的基础上，还需要了解金融监管知识和理论，而金融监管又是另一个博大的领域。由于我国对商业银行会计问题的研究不够活跃，可直接借鉴的成果相对有限，我便投入了大量时间追本溯源和阅读国外的文献，并反复推敲国外相关理论在我国的制度背景和现实环境中的适用性，不断推进我的研究。

在研究的过程中，我很幸运地遇到了于永生教授。于老师较长时间专注于商业银行会计研究领域，对银行会计问题的分析很透彻，给予我极大的启发。通过长期交流和多次讨论，我和于老师坚定地认为，双重监管是研究商业银行会计问题的一把"钥匙"和一个"制高点"。于是，我选择"双重监管"的研究视角，反复梳理双重监管的差异，总结双重监管的行为，思考双重监管关系的出路，并形成了我的主要研究框架，于 2020 年完成了博士论文的撰写。经过对博士论文的再思考和完善，我与于老师合作，呈现出眼前的这本书。

在本书稿撰写过程中，我负责总体撰稿，于永生教授撰写和提供了第四章中的两篇实证分析、第五章第三节、第六章中的两个案例分析和第七章部分内容，陈恺豪、张嘉芊搜集、整理和检验了部分数据。

不积跬步，无以至千里；不积小流，无以成江海。我们的初心是通过努力和尝试，为商业银行会计理论的发展添砖加瓦。限于精力和水平原因，本书尚有不少未尽之处，已呈现内容和观点也难免有失偏颇。对此，既是我们的遗憾，也是我们的努力方向。可喜的是，随着国内主流刊物、优秀学者对商业银行会计问题关注度的提升，该领域的研究成果将会更加丰富，可为我们的后续研究提供更多借鉴。

感谢我的两位导师——博士研究生导师冯巧根教授和硕士研究生导师冯建教授对我个人的教导和对本书的指导；感谢西南财经大学出版社李玉斗老师和李琼老师为本书出版的辛劳付出；感谢国家社科基金年度项目"商业银行会计方法虚增资本引发的风险隐患与防控对策研究"（批准号21BJY050）的资助。

我们诚挚地感谢阅读本书的朋友，并希望得到你们的指正！

梁浩

二〇二二年四月于贵阳